世界経済の破断界

ブレーキングポイント

世界に吹き荒れる後退とデフレの真実

World Economy at Breaking Point

Wakabayashi Eishi

若林栄四

ビジネス社

世界経済の破断界（ブレーキングポイント）

序章　FRB（米国連邦準備制度）主導のバカ騒ぎ

第1章　米国の変貌「SEA CHANGE」

第2章 FRBはどこで間違ったのか

第３章　ＱＥバブル破裂後の米国経済

第4章 日本経済の行方

第5章 欧州はどうなるのか

第6章 ブラックボックス中国経済

序章

ＦＲＢ（米国連邦準備制度）主導のバカ騒ぎ

利上げの正当性をまったく疑わないマーケット

2015年7月20日。ニューヨークの気温は90度（摂氏32度）を超えて、吹く風が暑い。ギリシャのユーロ離脱の危機がとりあえず沈静化し、中国株の大暴落も政府の強引な介入で何とか一段落している。

マーケットの関心は米国の金融政策に絞られてきた。

FRB（米国連邦準備制度）のジャネット・イエレン議長は先週の議会証言で、年内の利上げの可能性が高いことを示唆した。しかし利上げのトラジェクトリー（軌道、弾道）については配慮するとして、急激な利上げの連続はないことで、マーケットに配慮した形である。

面白いことに最初のイエレンの金融政策についてのステートメント（発言）に対して、下院議員の誰もが質問しなかった。

質問はもっぱら、7月21日から施行されるドッド・フランク法（2010年に成立した銀行の行き過ぎたリスクテイクを縛る法律――2008年の金融メルトダウン後にボルカー・ルールとして規定されたもの）に対するＦＲＢの監督機関としての対応や、あるいは選挙区に向けての、貧しい人たちに対する住宅抵当問題（ＦＲＢと直接関係ない）、あるいはＦＲＢがもっとも嫌っている、ＦＲＢの業務内容のオーディット（監査）の話などに終始した。

議員たちがＦＲＢがいつ短期金利の引き上げを始めるか、などということにはほとんど興味を示していないことは明らかである。

一方でマーケットは、ＦＲＢがいつ金融正常化に戻すのか（短期金利を上げる）が最大の関心事である。

２０１５年9月に引き上げるとみる人が50％、12月に引き上げるとみる人が30％といわれている。寡聞にして、ＦＲＢが金利を上げないという意見の人は見当たらない。

過去40年を超える市場経験の中で、今ほどマーケットの声が圧倒的に利上げに傾いている状況を、筆者は知らない。ＦＲＢが近い将来金利を上げるということに何の疑いも持っていない人がほとんどなのである（実際、9月の引き上げは見送られた）。

筆者の経験からすると、こういう状態はなんとなく嘘っぽいのである。

相場、金利、景気などの動きは基本的に〝波動〟であり、圧倒的多数の参加者がある一定の方向を見ているときというのは、可能性として、その多数意見の逆の動きが現実のものとなることが多い。

誰も次の金利の方向について疑う人がいないというのは、相場に長年携わってきた人間にとって、きわめて居心地の悪い状態なのである。

フォワード・ガイダンスの役割

もちろん、この圧倒的大多数の見方には、FRBの〝お墨付き〟というものが控えている。

FRBのフォワード・ガイダンスというものがある。FRBは2008年の金融危機後に、政策金利(フェデラル・ファンドレート)がほぼゼロに達した後、国債購入などの資産購入とともに、このフォワード・ガイダンスを非伝統的金融緩和策の〝二本柱〟として位置づけてきた。

もともとこのフォワード・ガイダンスとは、中央銀行が先行きの政策の道筋を自ら示すことにより経済主体の期待(予想)に働きかけ、金融緩和の政策効果を得ようとする政策手段である。

つまり、ＦＲＢはある一定の将来まで低金利を据え置くことを約束すれば、長期金利を引き下げることができる。短期金利がゼロまで下がり、これ以上金利を下げられなくなった中銀がこれにより長期金利を引き下げることを可能にするというのが、もともとの主旨である。

銀行はＦＲＢが提供するゼロ金利で資金を借り入れ、より高い金利で長期の貸し付けを行うことにより利益を上げることができる。これをマチュリティー・トランスフォーメーションと呼ぶが、これは銀行のもっとも本源的な収益手段である。

しかし、銀行が住宅ローンや社債などの長期資産を抱えている間に、短期金利が急騰したら、これらの資産は損失を生みだす恐れがある。こうした問題を解決するために、このフォワード・ガイダンスが役に立つ。ＦＲＢは事実上、短期金利については上昇の心配がないことを保証してきたわけである。

ひるがえって今は、ＦＲＢがすでに資産購入も停止（２０１4年10月）し、２０１５年中には短期金利の上昇により金融の正常化に取り掛かると盛んにマーケットに向けて発信しており、イエレン議長もあらゆる機会をとらえて、金利上げを示唆している。

なぜだろう。これも一種のフォワード・ガイダンスなのだろうか。

FRBを絶対視するマーケット参加者

もともとFRBは物価水準と労働指標を、金融緩和の目途として重視してきた。その労働指標のひとつは失業率である。この失業率はすでに2009年の10%から5・3%あたりまで低下してきている。

もっともこの失業率には手放しで楽観できるわけではない。労働参加率（生産年齢人口に占める労働者と求職者の割合）が大幅低下した結果、就業希望者の数が減り、結果的に表向きの失業率が下がっている面もあるからだ。

また、正社員希望なのにパートに就いた人を失業状態と見なす〝広義の失業率〟は低下してきたとはいえ、なお10%を超えている。

もうひとつのポイントは前月比雇用者増加数（非農業部門）、いわゆるNFP（Non Farm Payroll）と呼ばれるものである。

この雇用者増加数は2015年6月の時点で、過去16ヵ月中14ヵ月で節目の〝20万人〟を超えた。20万人を超えると、確実に失業率が低下するとされている。

米国の非農業部門雇用者数と失業率

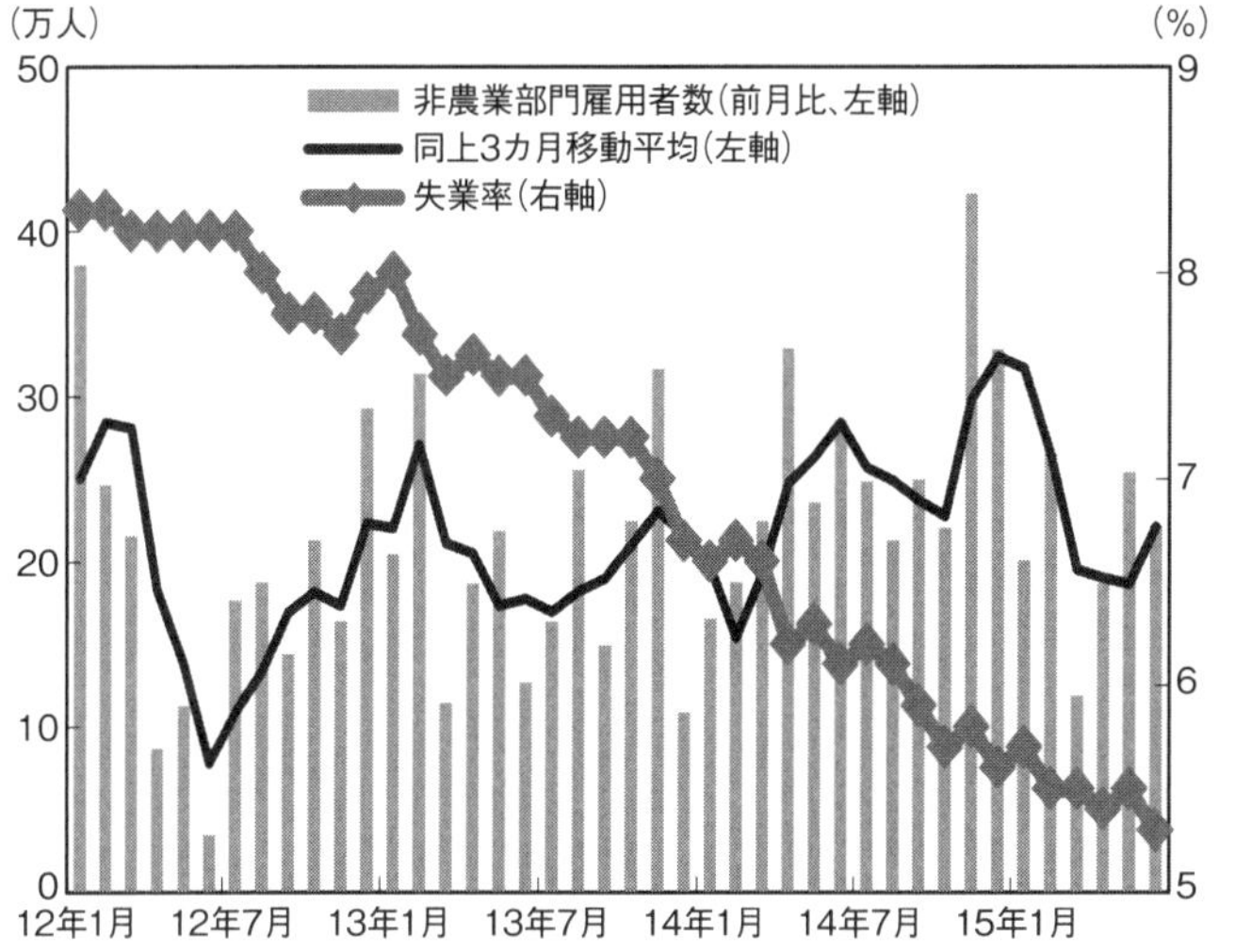

出典：Bloomberg L.P.

昨年は勢いが良かったが、今年に入ってやや勢いが衰え、平均で20万人を少し超えるレベルで推移してきた。しかし、この指標は好調な就業環境を示しており、利上げ派には心強い数字である。

もうひとつの重要な指標であるインフレ率はどうか。

ＦＲＢが理想のレベルとするインフレ率は２％～２・５％である。

２０１２年にＦＲＢは２％を好ましいインフレ・ターゲットとして採用した。

その後３年にわたってインフレ率は低迷し、２０１５年に入っても５月の個人消費支出物価指数（Personal consumption expenditures price index）は、前年比０・

2％の上昇である。

原油価格の下落が、必要以上にインデックスを下方に引っ張っているという見方が一般的である。しかし、食料品とエネルギーを除く指数でみても、前年比1・2％の物価上昇にとどまっている。

どう見ても、利上げを必要とするレベルに達していない。

このように労働指標は好転しているが、まだ不安がある。イエレンFRB議長は「Slack（不振、不活発）」という言葉を使って、まだ労働市場は100％金利上げを正当化する状態にはないとしている。

さらにインフレ率は2％にほど遠く、これも金利上げをワラント（正当化）するレベルにはない。こうした状態でなぜマーケット参加者は、2015年内金利上げ必至の予想を立てるのだろうか。そもそも自分の頭で考えることをせずにFRBを絶対視する〝中銀崇拝〟がその背景に横たわっているのだと思う。

これだけ間違いだらけの金融政策を進めてきた中銀を、なぜマーケットがそれほど崇拝するのか、筆者にはどうしてもわからない。

速水優日銀総裁の早すぎた金融引き締めという教訓

しかしとにかく、前記のあやふやな状況にもかかわらず、ＦＲＢは金利上げのメッセージを強力に発信している。なぜだろう。

可能性としては、ＦＲＢがハイパー・インフレーションの接近を知っていることであろう。しかし、ハイパー・インフレーションは誰が見ても、今の世界のデフレ状況からは考えにくい。これはまず、ＦＲＢの考えからもっとも遠いところにある懸念だろう。

ということは、すでに6年におよぶ低調な景気拡大がそろそろ息切れして、次の景気後退が近いリスクを恐れていると考えるのが正解かもしれない。このまま景気後退に踏み込んだ場合、ＦＲＢにできることは何もない。

もうすでに短期金利はゼロだから、これ以上下げることはできない。量的金融緩和ＱＥも散々やって、ＦＲＢのバランスシートは国債とＭＢＳ（住宅抵当担保証券）で腹いっぱいである。

２００８年の８０００億ドルから4兆５０００億ドルにまで、ＦＲＢのバランスシートは拡大している。壮大なFRBによる介入の結果である。

それでも景気が回復せず、景気後退に入る場合、FRBは完全にお手上げになる。したがって今のうちに少しでも金利を上げておけば、景気後退がやってきたときに金利引き下げという手が打てると考えている。しかも、「金利が上がる、上がる」とアナウンスすれば、金利に敏感な住宅取得者が、金利が上がる前に住宅取得を急ごうとして景気刺激となり、自己実現的に金利が上昇する状態をクリエイトするなどと、虫のよいことを考えているのかもしれない。


最近のFRBを見ていると、かつての速水優日銀総裁の早すぎた金融引き締めを思い出さずにはいられない。

1998年に就任した速水総裁は、伝統的な金利引き下げには積極的であった。

1999年2月、日銀はゼロ金利政策をさらに進め、短期金利の誘導目標を0・25%から0・15%に引き下げた（速水総裁が就任時の短期金利は0・5%であった）。

そのとき速水総裁は、「デフレ懸念がなくなる見通しがつくまで〝超低金利〟を続ける」と約束した。それはかなり長期にわたって続くかと思われたが、実際には1年超持続した

米国FRBバランスシート

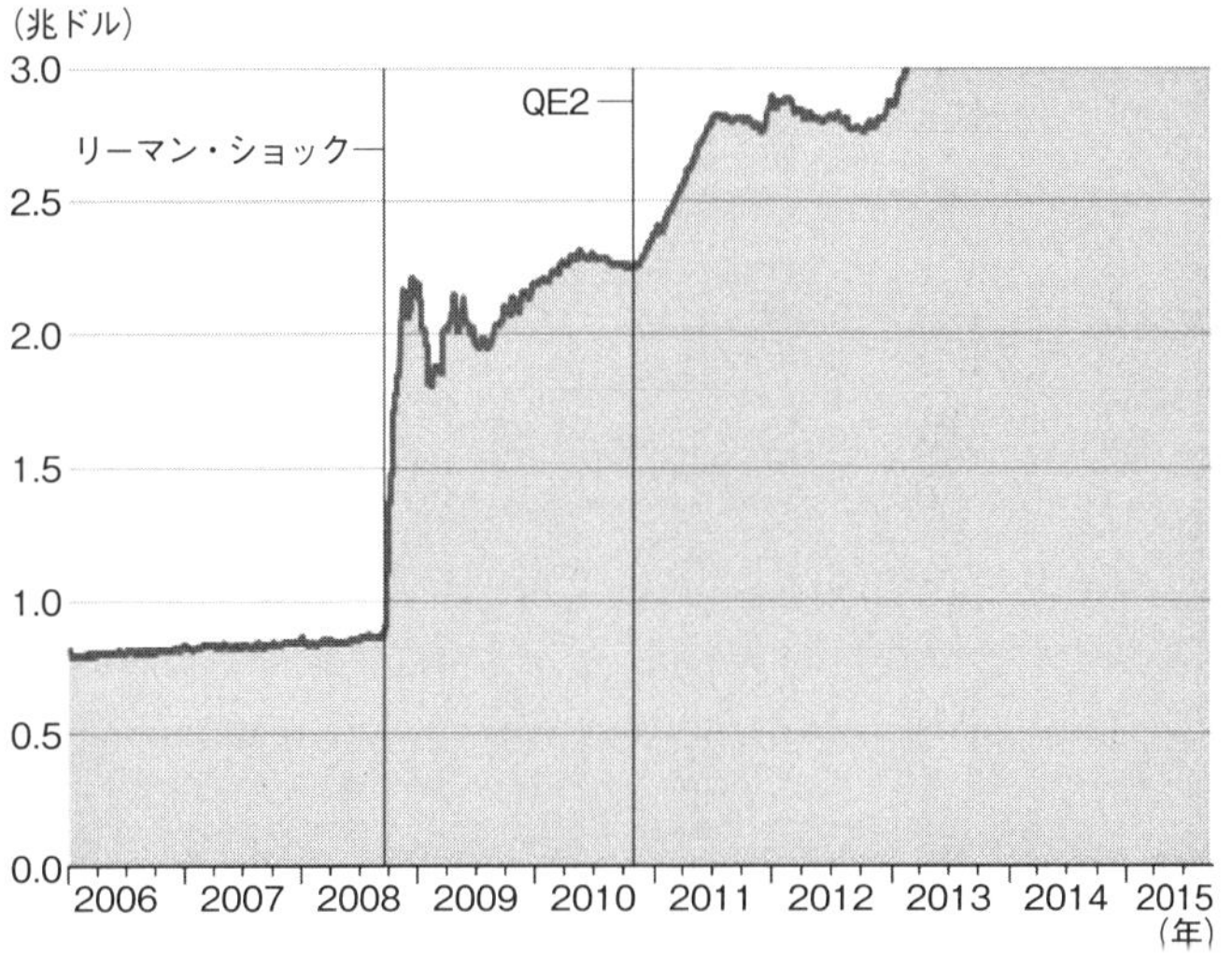

出典：Thomson Reuters Datastream,Federal Reserve

だけだった。

２０００年の初めに、日本経済の足元が少し安定したように見えると、さっそく超低金利を解除し始めた。

「デフレ懸念が払拭されたといえる段階に近づきつつある」

２０００年５月の記者会見で速水総裁はそう発言し、低金利を長期的に継続させるという以前のコミットメントを事実上、取り消した。

同年8月に、日銀は短期金利の誘導目標を0・25％に引き上げ、さらに0・5％引き上げ、超低金利政策を解除した。

日本銀行としては、モニュメンタル（記念碑を建てる、長く後世に残る）な大失敗を犯したうえに、世界の笑い物になってしまった。日本経済が再び失速したのを受けて、速水総裁は別の政策を実施した。量的緩和であった。

「日銀は何らかの形で金融緩和を行う必要があったが、速水総裁は以前とまったく同じ政策をとることに消極的だった。というのも、そうすれば自らの間違いを認めることになるからです」当時、日銀内部ではそうささやかれていた。

そこで日銀は、金利をゼロに引き下げると同時に、当座預金を4兆円から5兆円に引き上げることを目標として、市中通貨量を増やすための国債の買い入れを始めた。いわゆる量的緩和である。

この政策は、近代の独立した中央銀行がこれまでにとったことのないものであった。速水総裁は自己の意思に反して、皮肉にも非伝統的な金融政策の創始者となったのである。

ほぼ確実に間違った方向に米国経済を導くFRB

その非伝統的金融政策に学び、4兆ドルに近い貨幣の印刷により、無理やりにデフレ圧力を抑え込もうとしたFRBは、そもそも市場を〝歪めて〟いる。操作することにより歪んだ市場は間違った価格シグナル――インフレ、物価、株価、失業、住宅価格など――を発するリスクが高いことは当然である。

操作した市場から生まれた価格シグナルを使って市場を操作することは、間違った道具を使って物を作り出すのと同じで、欠陥が生じやすい。

しかし、ＦＲＢは巨額の介入を実施した時点で、正しい価格シグナルを得ることを放棄したわけだ。いったんこの罠にはまると、市場に介入すればするほど本当の経済の実体を把握するのが難しくなる。

したがって今、ＦＲＢがやろうとしていることは、ほぼ確実に間違った方向に米国経済を導くことになろう。

フォワード・ガイダンスなるもので金利を下げ、今度は環境が良くなったから金利を上げたがるのは、まさに〝傲慢〟以外のなにものでもない。

ＦＲＢは速水日銀に続いて、モニュメンタルな大失敗第2弾を提供してくれるのか、あるいはかろうじて米国株の暴落により金利引き上げを実施寸前で踏みとどまり、恥をかかないで済む代わりに、量的緩和なるスキーム全体の失敗の責任を負わされるのか。

いずれにせよ、ＦＲＢに残された選択肢に、米国経済を救ったという栄光の花道はないだろう。そもそもＦＲＢはいったい何様のつもりなのだろう。

それに唯々諾々として平伏する市場筋は恥ずかしくないのだろうか。

ＦＲＢはその１００年の歴史において、数々の重要な失敗を犯してきた機関である。そのミステーク・プローン（ミスを犯しがち）なインスティテューション（組織）の発する片言隻句を預言者のご託宣のようにありがたがって、市場参加者たちが土下座して聞くのは、もういい加減にしてくれと言いたい。

１００％の市場参加者が、ＦＲＢによる金利上げを疑わなかったというこのまやかし現象に対して、筆者の予想どおり２０２２年まで基本的にデフレが続いた場合、その渦中で金利上げをあおった専門家、メディアは責任を感じないで、後出しジャンケンのように、後付けの理由を用意して逃げるのだろう。

もっとも米国経済の軌道自体は、歴史の中で実証されているある方向に向かって斉整と進むだけである。ＦＲＢが何をしようとも無駄である。決まった方向に経済は向かうしかないからだ。

それでは、本当の米国経済の状況はどうなのか。米国はどこへ行こうとしているのか。それが危ういのだ。

第1章

米国の変貌「SEA CHANGE」

大規模介入で〝本来〟の姿が現れるのが遅れている米国経済

２０１４年10月の日本経済新聞のコラム「大機小機」は、「米国の成功と欧州の失敗」と題して米国と欧州の明暗を論じていた。

欧州の経済は主要国でもマイナス成長やゼロ成長にとどまり、失業率は11％台、忍び寄るデフレに直面する欧州中央銀行は量的緩和に追い込まれつつある。

それに対して米国は失業率が６％台まで低下、２０１４年４〜６月の経済成長率は年率４・６％の高成長を記録した（２０１５年１〜３月期は最終値０・６％——筆者注）。

２００８年のリーマン・ショックにより、米欧はともに激しく傷ついた。何が明暗を分けたのだろうか。金融に端を発する巨大危機の処方箋は、いつの時代も変わらない。**1．流動性の供給、2．不良資産の処理、3．成長力の底上げ**の３段階からなる。

米国はこの2と3に力を入れ、不良債権処理を大胆に処理し、金融システムを正常化させた。

それに比べて欧州は何をしているのかといった論調で、米国の問題処理を称賛している

FRBの予想と実際のGDP比較

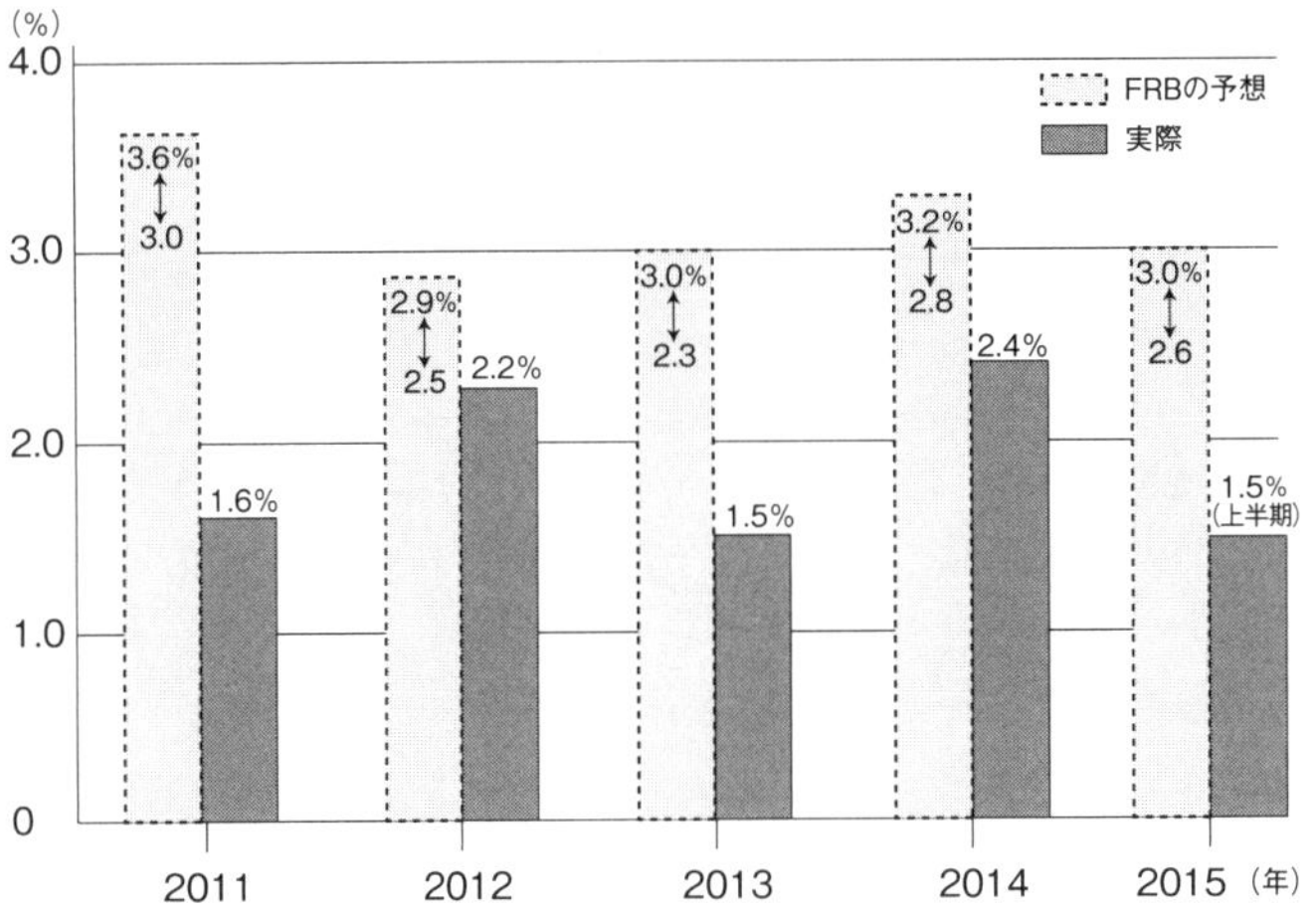

出典：Federal Reserve Board

のは、近視眼的な評価であろう。

　これを読んだ瞬間に筆者は、そんなに楽観して良いのだろうかという思いを抱いた。

　米国の過去3回の景気回復局面では、一度も四半期ベースのマイナス成長はなかったが、今回はすでに四半期ベースのマイナス成長を2度も経験している（92ページ図参照）。

　過去の回復のGDP伸び率は平均3・6%、今回は2・2%にとどまっている。

　金融の量的緩和QEで、FRBはバランスシートを3兆7000億ドルも膨らませ、大介入によって懸命に景気を盛り上げようとしているが、一向に良くならない景気に苦しんでいる。それが今の米国の実相である。

　昨年11月の時点では、ぜんぜん勝負がついていないのである。

ＦＲＢによる大量の資産購入（ドル印刷）で本来あるべき姿を覆い隠してきているが、時期が来れば、所詮この経済は落ち着くところに落ち着くので、まやかしの詐術は通用しない。大規模介入で〝本来〟の姿が現れるのが遅れているだけなのである。

なぜ今回の不況からの立ち直りが遅々として進まないのか。

筆者の考えでは１９８０年代以降、米国の政治経済思潮をリードしてきたレーガン・アジェンダ（行動計画）がその効力を失ったにもかかわらず、依然として慣性の法則で、政治経済体制が新しい世の中に即応していないことが原因だろう。

パラダイム・シフトをもたらしたレーガン・アジェンダ

米国社会における政治思想は、おおむね30〜40年の周期で循環している。

１９８０年代にはロナルド・レーガン大統領の登場により、リベラルから保守主義への切り替えが鮮明となった。

１９３０年代の大恐慌以来、米国の政治思想の潮流は圧倒的にリベラルの世界であり、大統領がドワイト・D・アイゼンハワーやリチャード・ニクソンのように共和党から選出されても、このリベラル・アジェンダが政治潮流の主流であることに変わりはなかった。

＊リベラル――リベラリズムとは自己と他者の自由の尊重を前提に、社会的公正・正義を志向する政治思想体系。

1935年にフランクリン・ルーズベルト大統領のもとで創設された社会保障年金制度や暗殺されたジョン・F・ケネディ大統領の後継者となったリンドン・B・ジョンソン（LBJ）大統領が創設したメディケア（高齢者向け公的医療保険）、メディケイド（貧困者向け公的医療保険）などは、リベラル政策の最たるものだろう。

1930年代のルーズベルト大統領以来のリベラル・アジェンダ全盛の40年間の後、そのリベラル政策の結果として生まれたのが大きな政府だった。国家経済の70％を連邦政府がコントロールするという混合経済、インフレ、低成長といった弊害が出た。これらが山積みになったのが1970年代といえた。

1981年に大統領に就任したレーガンは、「政府そのものが問題なのである」として、保守主義に一気に米国政治を切り替えたのであった。

これは単に民主党から共和党への政権移譲ではなく、1932年の民主党のフランクリン・ルーズベルト大統領の当選、その後のニューディール政策、さらには一連のリベラル政策に継承されるリベラル・アジェンダが、次に来る保守アジェンダに移る、政治潮流の大変化をもたらした大事件であった。一種のパラダイム・シフト（革命的な変化）ともいえる大変動であった。

小さな政府を標榜するレーガンが行ったのは、大減税と規制緩和であった。大減税を実施すれば財政赤字はなくなるという変な理屈（ラッファーカーブ）を理論的主柱に据えて、大減税を断行したのである。

たまたまインフレ対策の超高金利で大不況下にあった米国経済は、レーガン就任の1981年には徐々にインフレも収まりかけて、爆発的に大不況から抜け出すタイミングに恵まれたこともあり、一気に景気が持ち直した。しかし、ラッファーカーブ理論は効果を発揮せず、財政赤字は当然のことながら増えてしまった。

＊ラッファーカーブ理論——税率と税収の関係を曲線で表した、米国の経済学者A・B・

ラッファーが主張した理論。一般に税率が高まるほど税収は増えるが、一定の税率を過ぎると逆に税収は減っていくことを示したもの。「減税しても税収増でカバーできる」としたレーガン政権の減税政策の理論的な支柱となった。

失業率も低下し、景気拡大に入り、株価も１９８２年8月を底に急上昇を始めたことから、レーガン人気は沸騰した。

それ以降、米国政治の潮流は基本的にレーガン路線で推移したといっていいだろう。つまり、基本的には減税路線である。

米国の政治の潮流はこのレーガンの登場により大きく流れを変え、いわゆる新自由主義的な経済思潮を背景とするレーガン・アジェンダが圧倒的な支持を受け、その後の30年間の米国政治を支配してきた。

その間民主党が大統領の座を占めたことは、ビル・クリントン、バラク・オバマの例があるが、基本的なアジェンダはレーガン保守主義の流れである。クリントンも１９９４年の中間選挙の大敗北を受けて、社会保障や移民政策の面で〝無慈悲な〟共和党の政策に近寄らざるを得なかった。

＊新自由主義――１９８０年以降に世界で支配的になった経済思想、政策の潮流。ケインズ主義的な福祉国家・大きな政府を否定し、小さな政府を志向する。

この新自由主義というのは供給重視の経済学であり、いわゆるサプライサイダー（供給信奉者）といわれるものである。原則として、「つくったものは必ずすべて売れる」という命題が支配している。

市場の価格メカニズムにより、自動的に需要と供給が調節され、効率的な経済が実現する。市場原理が完全に機能することが大前提で、政府の役割は市場原理の機能を阻害しないように、自由化や規制緩和を進めるというものである。

しかし、ロケットスタートを切ったレーガンの経済政策は、「レーガノミクス」としてその後の経済政策のバイブルのように用いられてきたが、30年も経ったところで賞味期限が切れて、さまざまな問題を露呈することになった。

貧富の差の拡大を強烈に進めたのもレーガン・アジェンダ

レーガン・アジェンダによる減税、規制緩和、その他の新自由主義的な経済政策を実施するに当たり、当初のスローガンは「ＴＲＩＣＫＬＥ ＤＯＷＮ（トリクルダウン）」であった。

これは上から下に雫（しずく）がぽたぽた落ちるという意味で、日本語でいえば、「おこぼれ式経済政策」とでも呼ぼうか。政府が規制緩和あるいは減税などをして大企業の成長を促せば、間接的にそのおこぼれで国民の福祉が増大するというスローガンである。

たしかに金持ちや大企業はレーガン・アジェンダで大いに豊かになったが、一般国民には何のおこぼれ頂戴もなく、結局、企業でいえば経営者と労働者のギャップ、金持ちと一般国民の格差は拡大する一方であった。

国民全体の所得の中で賃金や給与に回る分を示す労働分配率は、１９７０年代の68％から最近は60％を切る寸前まで落ち込んできている。つまり大企業は空前の利益をあげているが、労働者にはその利益が還元されていない。

２０００年以降２０１４年まで、企業の利益率は売り上げの４％から10％まで伸びを示している。

金利、租税負担等のコストはこの間ほとんど横ばいで変化がないが、この企業収益の伸びに最大の貢献をしたのは労働コストの削減であった。労働コストは２０００年の68％から２０１４年の61％へ、比率に置いて10％を超える下げとなっている。

要は、労働者の犠牲において経営者が自らの報酬を高め、また投資家の利益を計るというのが、今の空前の企業利益の実体である。

レーガン・アジェンダのもとで進んだ規制緩和や減税は、所得上位１％の富を急激に膨張させることに成功したが、99％の一般勤労者の実質所得は過去30年間ほぼ横ばいである状況に米国民の不満は高まる一方だ。

目論見違いに終わったＦＲＢのＱＥ政策

行き過ぎた規制緩和は、米国経済を２００８年のリーマン・ショックに導き、ほとんどの世界経済をメルトダウン寸前まで追い込んだ。

米国ではウォール・ストリートとメイン・ストリート（小さな町の目抜き通り＝一般大衆の意）の対立が激化、民衆のウォール・ストリート占拠が起こるなど、銀行経営者の強欲からの破綻が大不況を招来したこと、それに対する巨額の財政資金投入などが一般国民の怒りを買った。

ＦＲＢは２００８年12月に短期金利（フェデラル・ファンド）を０～０・25％にまで引き下げ、家計部門から年間４０００億ドルにわたる金利収入を簒奪して、懸命に景気の浮揚に取り組んだ。しかし当然のことながら、一般勤労者の資産形成にはマイナスの効果をおよぼした。６年間で2兆４０００億ドル（1ドル１２０円換算で２８８兆円）の収入を奪ったことになる。

一方でＦＲＢはゼロ金利にも反応せずに低迷を続ける米国景気に、２０１０年11月、ＱＥ2（量的緩和第2弾）を打ち出し、ＦＲＢの勘定で財務省証券、モーゲジ担保証券（ＭＢＳ）を大量に購入することにより、市中に出回る貨幣の量を増やす政策をとった。

２０１２年9月からはさらにＱＥ３（量的緩和第3弾）を繰り出し、合計3兆７０００億ドルにおよぶ大量の資産購入を行った。

これだけの大規模介入を行えば、米国景気はすぐにでも景気過熱に入るだろうから、そこで市場から買った証券を売却しても米国経済に悪影響は与えないだろう、というのがベン・バーナンキ議長（当時）の目論見であったと思われた。

ところがFRBの希望的な観測に反して、米国景気は2011年には1・6％成長、2012～14年も2・2～2・4％の低成長にとどまった。とてもではないが、証券を売却して金利が上昇すると、再びマイナス成長になる恐れがあることから、FRBは証券売却ができない状態にある。

このQEの目論見違いで、証券保有の残高が積み上がったFRBは、それ以上の資産購入は危険だと判断し、2014年10月にはQEを停止した。

証券売却は危険なので、非伝統的金融緩和（非常事態）からの金融正常化と称して、2015年年内の短期金利上げを盛んに発信しているのがFRBの現状といえる。

肝心のQEは、一向に景気を押し上げることができずにいた。2％台の低成長で終始する間、大量のQEは実体経済に回らず、ひたすら投資家の意識の中での大量資金の幻想から、株式を中心とする資産価格が上昇した。

株価はリーマン・ショック後の安値からほぼ3倍となり、ここでも持つ者と持たざる者の格差拡大に大きく寄与した形になってしまった。

レーガン・アジェンダの崩壊はリーマン・ショックで明らかになったが、それを救おうとするＦＲＢの誤った政策で一般勤労者はさらに窮乏化し、上位１％の人たちはさらに富裕化するという、皮肉な矛盾を生んでいるのが現状である。

この状態のままで米国経済がすんなりと景気回復軌道に乗るなどということはあってはならないし、あり得ない。

このまま先に示した日経新聞の「大機小機」のコラムのように、米国の成功であるとナイーブ（英語のニュアンスでは〝間抜け〟に近い）に信じてよいのだろうか。

もちろん、よくない。

あるべき姿はＦＲＢの失敗が明らかになり、米国景気が再び下降に転じ長期間低迷することによって生じるレーガン・アジェンダの終焉と、それに代わる新しいパラダイムの登場を招来することである。

前回のパラダイム・シフトを分析する

ここでは先とは別角度で、リベラル全盛からレーガン登場までの経緯を振り返ってみたい。

1970年に近づくにつれて、それまでのリベラル・アジェンダの矛盾が拡大し、インフレ率が徐々に上昇を始めた。1950年から1968年までの平均インフレ率はわずか2%程度だったが、1968年には4・7%、69年には5・9%と、その後の手強いインフレの萌芽を見せている。

工場労働者の全国的な集まりである組合ティームスター・ユニオンは、1970年に15%の賃上げを勝ち取り、鉄道労働者は13・5%、建設労働者は17・5%の賃上げを獲得した。

1971年にはニクソン大統領によるドルと金の兌換（だかん）停止、いわゆるニクソン・ショックが起こり、第2次世界大戦後の国際通貨制度であるブレトン・ウッズ体制が崩壊、1973年にはドル固定相場を維持できなくなり、変動相場制に突入した。

1973年10月にはエジプトがイスラエルに奇襲攻撃をかけ、第4次中東戦争が始まった。

米国はイスラエル支援を表明したが、その報復として、アラブ石油輸出国機構（OAPEC＝Organization of Arab Petroleum Exporting Countries）は原油価格を70％引き上げた。バレル3ドルだった原油は、12月には12ドルまで上昇した。

1973年、米国の消費者物価上昇は8・9％、74年は12・1％と加速した。78年は9％であった。この間FRB議長は深刻な不況を恐れて、有効なインフレ対策を打ち出せず、米国は泥沼のインフレに入り込んでしまった。

それでも1973年までは株価が上昇した。しかし、1973年の1月にはNYダウが1067ドルで天井を打ち、翌年12月には570ドルまで、実に47％の大暴落をみることになった。

株価大暴落は、リベラル・アジェンダの終焉を意味した。

その後は新たなパラダイムを模索する動きが続く中で、インフレに対しても1979年8月にFRB議長になったポール・ボルカーが強力なマネーサプライ（通貨供給量）コントロール政策で、インフレを抑えることに成功した。

これは従来のＦＲＢの金利操作に頼る手法とはまったく異なっていた。金利は放置し、マネーサプライのみに集中し、それを絞り上げた。この政策ならば、金利は上昇していくしかない。

この暴力的な政策により、１９８１年９月には米国財務省証券10年物の金利が15・84％、短期金利は一時20％を超える、史上最高の高金利を実現した。

その結果、米国経済は大恐慌以来の大不況に陥るが、比較的短期間で克服し、82年の物価上昇率は３・８％へと低下した。ボルカー議長が就任した79年の消費者物価上昇率13％から一転、ディスインフレ時代の到来となった。

１９８１年にレーガン大統領が就任、それまでの民主党主導のリベラル路線は政治の面でも完全に終わりを告げ、それ以降、リベラルを意味する「Ｌの字」は、密やかな軽侮の対象として、メディアでも嘲笑されることが多かった。

ボルカーのインフレ退治、それと前後して登場したレーガンと彼の提唱する規制緩和、減税その他の新自由主義的な経済政策（レーガノミクス）は、１９８２年以降の急速な景気回復や株価の急騰を招くに功があったとして、リベラル路線から保守路線に政治経済体制が急速に切り替わるパラダイム・シフトが起きた。

リベラル路線のほころびが見え始めたのが1968年からのインフレ昂進、その後1973年から1974年にかけての株価崩壊で、リベラル路線の終焉を経済は演出した。その後は新しい路線を模索する動きが1982年まで続き、1982年半ばから米国株価の本格的立ち直りを契機に、新しいレーガン・アジェンダが米国を担う政治、経済思潮として認知されたということになろうか。

1968年からの旧体制のほころび、1982年からの新体制への移行まで14年の時間を経過してパラダイム・シフトが完了したといえよう。

レーガン・アジェンダの崩壊で弱気相場の入口に立った米国株

すでにいろいろな面でほころびが目立っていたレーガン・アジェンダが、決定的に崩壊の兆しを見せたのがリーマン・ショックであった。

1990年代の規制緩和で勢いを得たウォール・ストリートの銀行は、2000年代に入り、財務レバレッジを極限まで膨らませて、リスキーな資産の取り引きに狂奔していた。

その主役は、大手6社のうちの3社。リーマン・ブラザーズ、ベア・スターンズ、メリル・リンチの2007年末の自己資本に対するレバレッジの比率は30倍を超えていた。これは、これらの投資銀行の資産の価値が3%下落するだけで、株主資本すべてを失って倒産することを意味していた。

質の悪いサブプライムと呼ばれる低格付けの資産はその分、高金利の住宅ローン担保証券として高く売れるから、リスキーな資産の花形であった。住宅バブルの進行とともに、ローンの証券化ビジネスは行き過ぎ、最後に住宅バブルの破裂と連れ立って、大量の不良債権を生み出し、米国の銀行はメルトダウン寸前まで追い込まれた。

ベア・スターンズとリーマン・ブラザーズは倒産した（ベア・スターンズは倒産寸前に買収された）。

米国株価は大暴落で、NYダウは2007年10月の高値1万4198ドルから2009年3月には6469ドルまで54%の下落となった。

大恐慌の再来の淵に立たされた金融当局は、8000億ドルの税金投入でとりあえずパニックを手当てし、その後FRBはQE1からQE3まで合計3兆7000億ドルの資産購入を行い、何とか景気回復をもたらそうと懸命であった。

この間のストラグル（苦闘）は、1968年から1973年までの前回のケースに酷似していた。すでに役に立たなくなった道具を使って、必死に不可避の悲劇を防ぎ続けていたのだ。

ところが、そのストラグルは２０１５年夏には限界に達し、襲い来るデフレ波に、無理をした株式市場が持ちこたえられなくなった。

野村総研のリチャード・クー氏が著作『バランスシート不況下の世界経済』（徳間書店）の中でも述べているように、ＱＥで上昇した株価がＤＣＦ（ディスカウント・キャッシュフロー）で正当化されるかどうかが問題である、と筆者も思う。

資産価格というのは本来、その資産が将来生むであろう収益をもとに決まるはずである。具体的には、将来生むであろう収益を金利で割り引いたものを足し合わせた金額が、適正な資産価格（ＤＣＦ価格）とされる。

米国株価はＦＲＢの助けを借りてここまで上昇してきたわけだから、果たしてＤＣＦ価格という尺度で見て株価が正当化できるかどうか。

株価が正当化されるためには、ファンダメンタルズである経済の成長率や、企業収益の伸びがそれに見合ったものでなければならない。

つまり、GDPも企業収益も今後力強く伸びるということであれば、DCFでみた株価は正当だが、現実には米国大企業の収益力は昨年から落ち始めている。最終決算では、自社株買い、その他の財務トリックで収益の伸びを〝演出〟しているものの、すでに6年目に入った景気回復で企業の利益マージンは減少し始めている。

おまけにゼロ金利の世界では、金利が下がることによるDCF価格の上昇は考えられない。2015年7月に発表された大企業の第2四半期の収益状況は、一部の例外を除けば芳しいものではない。

株価は上がったものの、企業収益から見て正当化できないところまで上がっているからだ。ここからは大幅な株価の調整が始まるだろう。

この2015年夏は、リベラル・アジェンダの最後の73年1月の株価の天井、およびそこからの暴落と同じ局面にある。

レーガン・アジェンダの終焉である株価の大幅下落に直面しているのが現状だろう。当時の1960年代後半から1980年代前半までのNYダウの推移と、現在の株価の推移(43ページ)を比較すれば、驚くほどの相似形に気がつくだろう。

1973年1月の株価天井から1982年の新しい時代の誕生まで、10年近い低迷を経

NYダウ四半期足

NYダウ四半期足（2015年5月18日現在）

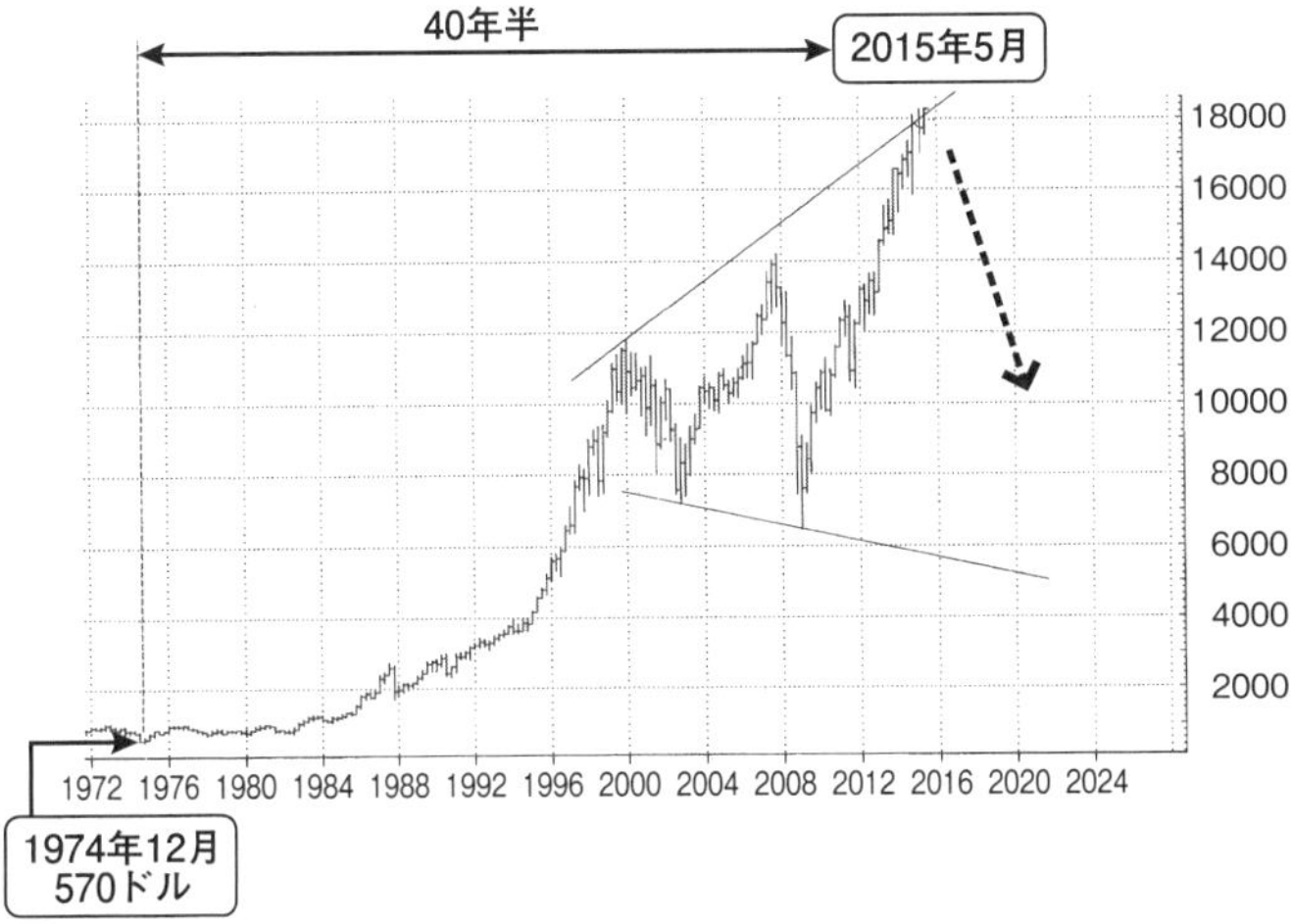

験したのが米国株価であった。

今回の2015年夏の株価崩壊から新しい時代の誕生までの時間も、やはり10年近い低迷の時代を経ないと実現しないものと思われる。

米国株は長期ベア・マーケット（弱気相場）の入口に立っている。

変わりつつある米国政治

一時期、米国政治の新しい流れとして注目された茶会党（ティー・パーティー）は、しょせん新しい動きとはならなかった。これは2009年に登場した保守派のポピュリスト運動で、米国メディアの注目を浴びた。

もっとも大きなアジェンダは、小さい政府と減税である。他著でも述べたのだが、茶会党とは、レーガン・アジェンダがまさに死に体になっているときに現れてきたウルトラ・レーガン・アジェンダの原理主義者であった。

これはある種の流れ（この際保守の流れ）が限界に達し衰退に入る直前に現れる、極端な思想のバックラッシュ（揺り戻し）である。まさに保守、あるいはレーガン・アジェンダの終焉のプロローグでしかなかったようだ。

それでは、新自由主義経済政策が限界に来ている米国で新しい政治の萌芽がみられるのか。

2014年、一世を風靡したトマ・ピケティの『21世紀の資本』（みすず書房）により、貧富の差の拡大が世界的な話題を呼んだ。その中でも米国の「1%対99%」は国民的な議論を呼んでおり、2016年大統領選挙のひとつの争点として民主党の連中を興奮させている。

民主党の大統領候補としてトップを走っているのは、ヒラリー・クリントンである。圧倒的な組織力と資金力で、民主党サイドを独走しているように見えるが、オバマが大統領候補で出現したときほど、正直、国民の興奮を掻き立てる熱気はない。

2016年の民主党候補はヒラリーで決まりかもしれないが、彼女のメッセージにはもうひとつ清新さに欠けるところがある。ウォール・ストリートの大銀行が〝陰〟で彼女を支えていることも、彼女に一般大衆からやや遊離した印象を与えている。

それに比べて圧倒的に興奮を持って迎えられているのは、エリザベス・ウオレンだ。マサチューセッツ州選出の第1期目の民主党上院議員で、66歳の女性である。

7月20日の週刊誌タイムの表紙に「Who's afraid of Elizabeth Warren」(エリザベス・ウォレンなんてこわくない)と、有名な夫婦喧嘩をテーマとする戯曲「Who's afraid of Virginia Woolf」(ヴァージニア・ウルフなんてこわくない)をもじった副題とともに登場し、リベラルに圧倒的な人気を誇る新進政治家である。

夫婦喧嘩ではなく、身内の民主党のオバマ大統領やヒラリー・クリントンをウォール・ストリートの味方としてなで斬りし、圧倒的なリベラルのメッセージで、一気に大統領候補としての出馬要請がもっとも強い人気政治家にのし上がった。彼女は大統領よりも議会でリベラルの大義を振興したいとして、出馬を否定している。

その代わりに、バーニー・サンダース上院議員(74歳男性で、民主党でも共和党でもない独立系、バーモント州選出)が、民主党の大統領候補として彼女のリベラルメッセージを広めている。この選挙運動が進めば、ウオレン上院議員も参加するという噂もある。

バーニー・サンダースは選挙活動の集会で、自らを革命的、社会主義者(米国では政治的自殺)と名乗り、他の候補の2倍以上の1万人以上の聴衆をコンスタントに集めて善戦している。彼のポピュリスト(大衆向け)・メッセージは主に異常な富の集中に対する批判であり、本来それを是正すべき民主党員も大企業、大銀行にカネで買われていると叫んでいる。

左旋回のエースとして存在感を見せつけるエリザベス・ウオレン議員

先のエリザベス・ウオレン議員は、ＴＰＰ（環太平洋経済連携協定）にも反対である。議会がオバマ大統領に通商交渉権限付与を認めたとき、大統領がホワイトハウスで記者会見して、「Trust me（交渉の内容は公表できないが、私に任せておきなさい）」と発言したことに対し、彼女は直ちに「ＮＯ！」と答えて、「彼はわれわれに交渉の内容は知らせないけど、大企業のトップの連中はその案を事前に見せてもらうに違いない」として、巨大カンファレンス・コールに出ている数千の聴衆を大いに沸かせた。

とにかく彼女は演説はうまいし（ヒラリーは下手）、頭がよいし（ハーバード大学法科大学院の教授出身である）、喧嘩もうまい。問題が発生したときの、上院公聴会でのやり取りなどをサイトのイーベイなどでみると、思わず快哉を叫びたくなるほどの素晴らしさである。胸がすくとはこのことである。

『タイム誌』は何か大きなことが起ころうとしているとして、次のように評している。

「偉大な民主党の先達であるウドロウ・ウィルソン（第28代大統領、就任期間1913～1921年）が『MONEY MONOPOLY（金融独占）をやっつける』と約束したとき、また米国史上3本の指に入るといわれる名大統領フランクリン・ルーズベルト（第32代大統領、就任期間1933～1945年）が『I welcome their hatred（彼らに憎まれたい）』と富豪、金持ちを批判して以来、初めて民主党が権力とカネの絡まりに対しての敵意を燃え上がらせている」

民主党の中の既成勢力や、エスタブリッシュメントは力を失い、彼らの主義や政治手法は攻撃にさらされている。

「民主党のウォール・ストリート・ウィング（ウォール・ストリート派）は劇的に勢力を落としている」と元労働長官のロバート・ライシュも述べている。

民主党は、これからリベラルの本義に立ち返る必要があるのだろう。

その動きを先頭に立って引っ張るのがエリザベス・ウオレン上院議員その人である。

この圧倒的なポピュリスト・メッセージをもたらした一番の原因は、当然レーガン・アジェンダの失敗であり、だれの目にも見える富の偏在である。

やり過ぎた1％の強欲が、一般大衆の怒りを買い、強力な政治のバックラッシュを呼び起こし、米国政治の左旋回が始まろうとしている。

政治面でのパラダイム・シフトが起こり始めている。

米国の将来の道筋を左右する最高裁判事指名

米国の最高の司法機関である最高裁は9人の裁判官で構成されている。ジョン・ロバーツ最高裁長官もその9人のうちの1人でしかない。

この9人のうち、4人はいわゆるリベラル系とされる判事である。ギンスバーグ（女性）、ソトマイヤー（女性）、ケイガン（女性）、ブファイアー（男性）がその4人である。

それに対して保守派といわれる判事が4人いる。長官であるロバーツ（男性）、スカリア（男性、一番保守色が強い）、アリート（男性）、トーマス（黒人男性）である。

そのほかにケネディ（男性）がいて、これが争点ごとに揺れるスイング・ヴォーターでとくに色は付いていない。

もちろんこれらの色分けは大雑把で必ずリベラル、あるいは保守に投票するというわけではない。傾向としてリベラル、あるいは保守であるということである。

おおむねリベラル派は民主党大統領により指名され、保守派は共和党大統領により指名される。

最高裁判事は、自ら辞めることを決めない限り、誰も辞めさせることはできない。もちろん本人が、メンタリー・インキャパシテイティッド（正常な判断ができなくなった場合、例えば認知症などの病気発症）の場合は除く。

現在の判事の中で最高齢はルース・ギンスバーグで82歳である。2015年の大統領一般教書演説の最中に、ギンスバーグが居眠りをしている映像が流れ話題を呼んだ（最高裁判事は全員一般教書演説に出席するのが慣例）。

たしかに151センチ、35キロの小柄で老齢の彼女は今にも倒れそうな印象を与えるが、真っ二つに割れている最高裁の中で、リベラル派にとっては貴重な味方であり、彼女の健康は重要なファクターである。

問題は彼女が高齢であり、自ら引退を発表してくれると、2017年1月までのオバマ大統領の任期中にリベラル系の判事を指名することができる（議会の承認を得られるかどうかは別問題――したがって、あまり党派色の強い判事は指名されない）。ところが高齢ながら頑張り続けて２０１７年以降まで居続けると、今度は大統領が共和党に変わっている可能性がある。するとギンスバーグの後任に保守派の判事を大統領が指名するということになり、リベラルの危機となる。

したがって一部リベラル論者の中には、今すぐにでもギンスバーグが辞任し、オバマがリベラルな判事を指名することが大事だとして、それとなくギンスバーグに引退を示唆したところ、彼女はまったく引退を考えていないと意気軒昂（けんこう）だったという笑い話がある。

もちろんそれは一種の与太（よた）話だろうが、それほどこの最高裁判事指名と、大統領の任期というのは、米国の将来の道筋を左右するほどの大事な〝決定〟なのである。

司法の世界でも左旋回が始まっている

さて、２００5年に最高裁長官に就任したロバーツは、基本的に保守派に属する判事である。ロバーツ法廷と呼ばれるその10年の最高裁決定は極端ではないが、保守色が有力な流れであった。

最高裁法廷のターム（期間）は10月に始まって、翌年6月に終わるものとして、その間の裁定が保守かリベラルかに傾いた度合いを示した表が53ページにある。

ロバーツ法廷の裁定は当初保守色が強かったが、この3期ほどリベラル裁定が保守裁定を上回ってきている。

一番直近の期（2015年6月に終わった）では54％がリベラル裁定と、1953～69年のアール・ウオレン長官下のリベラル全盛法廷に肩を並べるほどリベラル裁定が増えてきている。

最高裁判事の信条や主義主張がそれほど大きく変わるとは思えない。

これらのリベラル裁定は、スイング・ヴォーターのケネディ判事がよりリベラル寄りの決定を下すようになったか、あるいは保守でも色の弱いロバーツ、アリートが世の中の左旋回に合わせて、リベラルよりの裁定を増やしているということも考えられる。

いずれにせよ、ここへきて最高裁は赤（保守、共和党）からブルー（リベラル、民主党）に色を変えつつある。

今年に入って注目された重要採決では、オバマケア（Affordable Care Act）の根幹をなす補助金の合法性は6対3で合法とリベラルな裁定であり、また同性婚も5対4でリベラ

70年間の最高裁判決

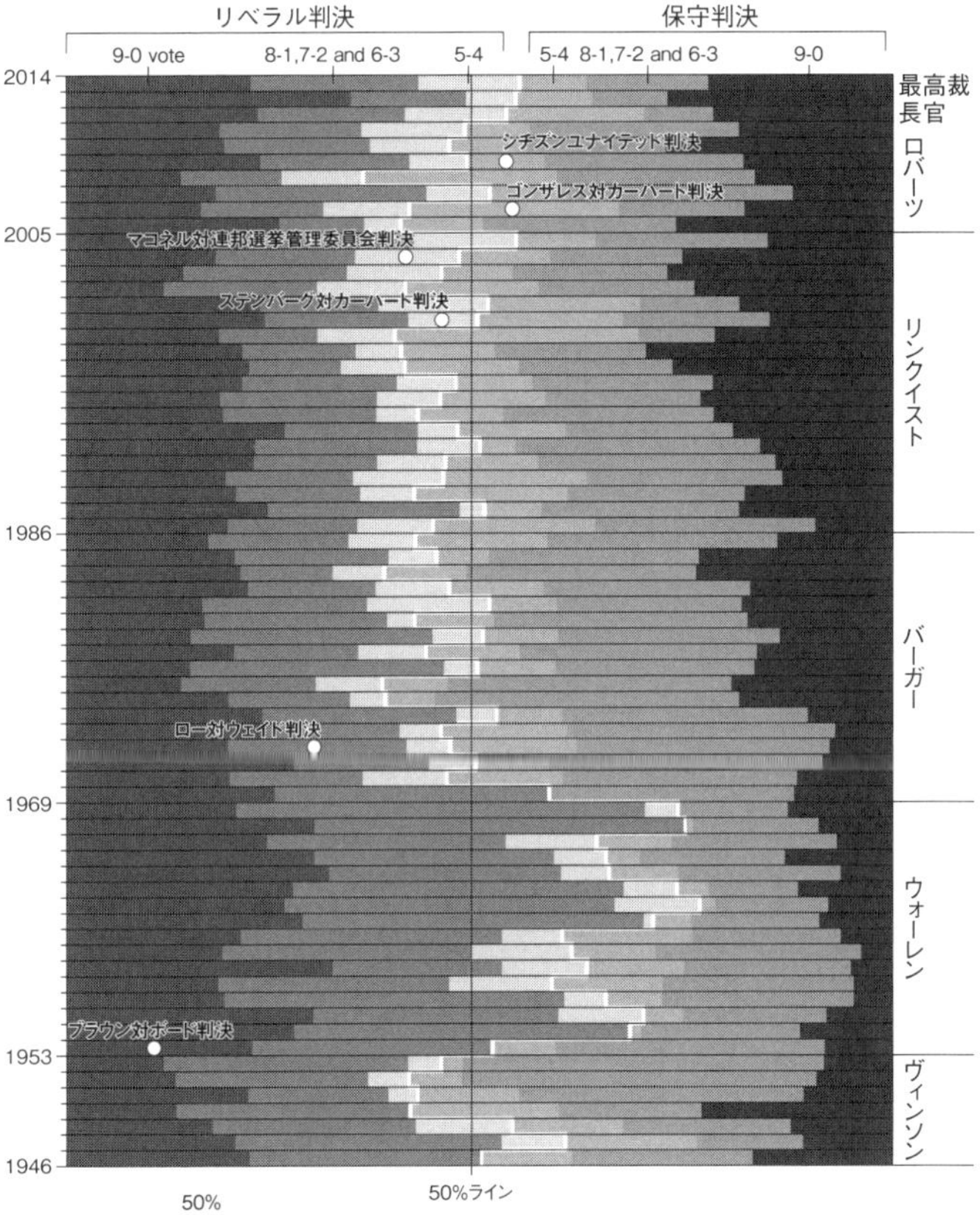

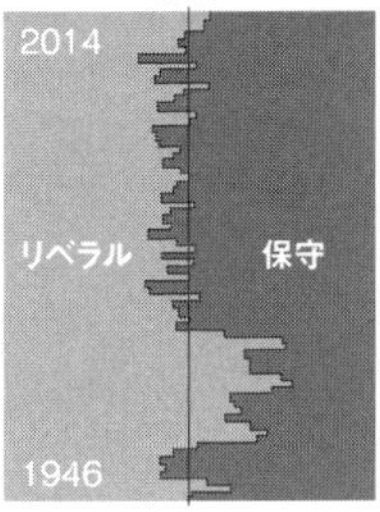

「9-0vote」とは９対０の、
「5-4vote」は５対４の投票
であったことを示す。

出典：THE NEW YORK TIMES

ルの勝ちとなった。

オバマケアの評決では、すでに法律として機能しているものを、最高裁の裁定で覆すことに対する忌避感が非常に強く作用したといわれており、ロバーツ長官が合法の意見書を自ら書いたといわれる。共和党が狙う、オバマケア法の廃止は現実味がなくなっているのである。

司法の世界でも徐々に行き過ぎた保守主義の修正からリベラルへのシフトが起こりつつある。米国社会全体の〝左旋回〟が徐々に始まっている。

第2章

ＦＲＢはどこで間違ったのか

ブレトン・ウッズ体制の崩壊と金融産業の爆発的成長

ここでは、今、デフレの入口に立っている米国経済の来し方について振り返ってみよう。

1971年8月16日は月曜日であった。

筆者は月曜休暇を取って、新しく購入した池上のマンションへの引っ越し中であった。ゴミを捨てに管理人室の前を通ったとき、ちょうど12時のNHKテレビのニュースで、米国のニクソン大統領が「ドルの金兌換を停止した」と報道しているところであった。急いで引っ越しを中断(家内は続行)して銀行(東京銀行為替部)に出勤すると、課長が「えいよいよ(筆者のあだ名——本名は栄四)、これがどういうことがわかるか。ドルは紙きれになったんだよ」と言われたのを、今も鮮明に覚えている。

ドルは金1オンス35ドルで金に固定されていたが、当時、この交換比率への信頼が揺らぎつつあった。ドルの本来価値がそれより低いことを確信していた各国は、ドルの金への兌換を急いだ。米国の安全保障上、最低でも100億ドル相当の金準備を持っていなければならないとする、その下限に金残高が迫ったところで、米国には金兌換を停止するしか選択肢は残されていなかった。

曲りなりにも金とつながっていたドルが、ただのペーパーマネーになってしまったことで、その後の70年代の米国は大幅なインフレに見舞われた。

１９７３年２月には、金という錨をなくした為替市場は、変動相場制に移行した。１９７３年10月には、第４次中東戦争を契機に石油危機が発生、原油価格はバレル３ドルから12月には10ドルを超える水準まで暴騰した。

ドルの購買力は低下の一途をたどり、１９７７年から１９８１年の間に半減した。その間アメリカのインフレ率は、累積で50％を超えていた。

ボルカーＦＲＢ議長と１９８１年に就任したレーガン大統領に課せられた使命は、ドルを救うことであった。ボルカーは、１９８１年に金利を19％に上げてインフレを退治し、ドルは投資対象としての信任を回復した。レーガンは減税と規制緩和を実施し、これによって景気回復に火がつき、米国をどんどん外資が流入する国にした。

この70年代から80年代にかけての為替相場の激動、原油を中心とするコモディティ（商品）市況のボラティリティ（変動の度合いと速さ）の増加、インフレ高進、鎮静の過程での金利のワイルドな動き、これらすべての激震は扱う金融機関を中心に、圧倒的な収益機会を生み出した。

この新しく開かれたマーケットに銀行は殺到し、巨大なディーリング・ルームでありとあらゆるものをトレードするという、今日の姿の原型がつくられたのである。

金という錨につながれ、規制に縛られて、小動きに終始していた金融市場は、圧倒的なボラティリティを得て、収益を拡大していった。

その過程でこの新しい収益機会を邪魔する規制は徐々に廃止され、巨額の賭けを行う金融カジノに変わっていったのである。

『資本主義の終焉と歴史の危機』（集英社）の著者である水野和夫氏は、こう記している。

「アメリカの金融帝国化が数字として確認できるようになったのは1985年以降です。この前年は金融業の全産業利益に占めるシェアは9・6％に過ぎませんでしたが、この年以降上昇基調に転じ、2002年には30・9％にまで達しました」

功罪半ばだったレーガノミクスによる規制緩和

1983年にニューヨークに転勤した筆者を待っていたのは、まだ80年代初頭の大不況から完全には立ち直っていない米国であった。

１９８１年９月には、10年物財務省証券の利回りが15％台だったわけで、米国がすんなり立ち直るとは思えなかった。

レーガノミクスの規制緩和も、功罪半ばするものであった。

規制緩和による１９８０年代前半の金融スキャンダルは貯蓄貸付組合（Ｓ＆Ｌ）問題であった。

大恐慌の教訓による米国の金融業は厳しく規制され、商業銀行業、投資銀行業、住宅ローン貸付業、保険業はそれぞれ〝別個〟の業種とされ、連邦レベルでも州レベルでも厳しく規制されていた。

Ｓ＆Ｌは貯蓄預金の受け入れと長期固定金利型住宅ローンの販売を行う、小規模でほとんどが地場の金融機関であった。

銀行と同じくＳ＆Ｌも厳しく規制されており、その小口預金は預金保険で守られていた。規制当局は住宅ローンの貸付を促進するために、Ｓ＆Ｌが貯蓄預金に商業銀行より若干高い金利を付けることを認めていた。

Ｓ＆Ｌはオイルショックによってもたらされた激しい金利変動とインフレに打ちのめさ

れていた。預金を集めて長期固定金利型住宅ローンを貸し付けるという業態は、安定した金利環境を前提としたものであった。

1980年代初めには、預金者は金利の低いS&Lから資金を引き出し、市場金利連動型投資信託（マネー・マーケット・ファンド）に向かうようになっていた。

また、インフレと金利上昇によって、S&Lの金利固定型住宅ローンの債権価値は大幅に下落した。S&L業界は1980年代初めには窒息寸前の状態で、業界全体が崩壊の危機にあった。

1981年に登場したレーガン大統領は、これを規制緩和のモデルケースとして利用することにした。

S&Lとその背後にいた投資銀行が規制緩和を背景に、やりたい放題をやり始めた。S&Lは史上初めて単独の株主が支配できるようになり、さまざまな業務分野で数に制限なく子会社を持つことも、そうした子会社に融資することもできるようになった。

また投資銀行を通じて、連邦政府保証付きの譲渡性預金証書（CD）を販売することで、資金を集めることができるようになった。

S&Lの財務状態が不安定であればあるほど、そのS&LのCDの金利は高くなり、投資銀行の手数料も高くなった。ちょうど後年のサブプライム・ローンと同じ構図である。

こうして規制の目が緩んだことを契機に、Ｓ＆Ｌの経営者たちは他人のカネで大々的に遊び始めた。

ある経営者は１９８０年から83年までの間にカリフォルニアのＳ＆Ｌの資産を17億ドルから１０２億ドルに増大させ、その後も年間２００億ドルのペースで増やし続けた。だが１９８５年、ついに壁にぶつかった。政府が介入したとき、このＳ＆Ｌの資産は５億ドルの価値しかなくなっていた。

テキサスのあるＳ＆Ｌは、８２００万ドルだった資産をおよそ1年で18億ドルに増大させた。ＦＢＩが捜査に入ったときは、この銀行の債権の96％が延滞債権になっていた。

１９８８年になってもテキサスの１３２のＳ＆Ｌは債務超過でありながら、まだハイペースで資産を拡大していた（このエピソードはチャールス・ファーガソン著『強欲の帝国』〈早川書房〉より抜粋）。

これは規制緩和が生んだ最初の大規模な犯罪であった。

しかし、そのあとの１９９０〜２００８年までの大銀行による犯罪行為に比べれば、小規模なものであった。

ただS&Lスキャンダルでは、のちのリーマン・ショックを巻き起こすスキャンダルに比べて、まだ完全には腐敗し切っていなかった。S&Lの場合、犯罪者は刑事訴追され数百人が刑務所に送られた。ここから学んだことは、「金融機関はしっかり監督しないと、すぐに犯罪行為に走る」ということであった。

1%対99%の富の偏在の淵源となったレーガノミクス

第1章の米国政治のところで紹介したエリザベス・ウオレン上院議員は、「なぜ今回のリーマン・ショック後の銀行の犯罪行為に対して、銀行経営者の誰もが刑務所に行っていないのか、S&Lのときには大量の犯罪人を検挙したのに」と機会あるごとに言い募っている。

ついでに言えば、この中途半端な措置が、米国の危機は終わっていないとみる筆者の考察の背景にある。

レーガノミクスに戻って、80年代から始まったレーガン・アジェンダは、すでに申し上げたように、新自由主義的な経済思想で武装されていた。

繰り返しになるが、この新自由主義とは供給重視の経済学であり、いわゆるサプライサイダーといわれるものである。原則として「つくったものは必ずすべて売れる」という命題が支配している。

市場の価格メカニズムにより自動的に需要と供給が調節され、効率的な経済が実現する。市場原理が完全に機能することが大前提であって、政府の役割は、市場原理の機能を阻害しないように自由化や規制緩和を進めるというものである。

資本配分を市場に委ねると、労働分配率を下げ、資本側のリターンを増やそうとするので、富裕層はさらに富を蓄積し、貧しいものがますます貧しくなるのは当然である。

つまり、今問題になっている、１％対99％の富の偏在の〝淵源〟は、まさにこの新自由主義経済思想であるレーガノミクスに発するのである。

すべてを市場原理で律するというイズムを錦の御旗に、短期金利、債券価格、為替相場、商品相場などの先物市場が１９８０年代に次々とシカゴを中心に設立され、フューチャー（先物）やオプション（協定価格購入）というデリバティブの取引が活発になっていった。こうして金融資本市場を自由化し、資産価格の上下動による利潤で資本の拡大再生産を計る仕組みができ上がってきた。

＊デリバティブ――基礎となる他の資産や金利や事象の価値によって価値が決定される金融商品。

さらにそのマーケットで効率的に収益を上げるためには、レバレッジの活用が重要になる。

フューチャーもオプションもレバレッジがかかっている商品であり、その意味で資本を最大限効率よく回転させるために、これらのマーケットがつくられ、利用されてきた。かつレバレッジを大きく傾けられる投資銀行の存在が大きくなってきた。

最後にはレバレッジが大きくなりすぎて、リーマン・ショックで投資銀行大手6社のうち3社が破綻に追い込まれたのは記憶に新しい（ベア・スターンズ、リーマン・ブラザーズに加え、メリルリンチ社もバンク・オブ・アメリカに買収され破綻を免れたが、実質的に債務超過であった）。

＊レバレッジ――資産の購入費用がどの程度借金で賄われているかを表す尺度。

1万ドルの自己資金と9万ドルの住宅ローンで購入された10万ドルの住宅の場合、レバレッジは10倍となる。

レバレッジの危険性は、資産の価値が下落したときに明らかになる。住宅の価値が8万ドルに下落したら、住宅所有者は自己資金を全額失ったことになり、その上住宅を売却しても住宅ローンを全額返済することはできない。

リーマン・ブラザーズのような投資銀行のレバレッジは、崩壊前は一般に30倍に達していた（資産が30億ドルあると、内自己資金は1億ドルで、29億ドルが借金ということである）。

金融イノベーションにより生まれた狂乱怒涛相場

1990年代には、このデリバティブの進化が急速な勢いで進んだ。

それまではフューチャー、オプション、スワップあたりまでがデリバティブの商品であったが、90年代に入り、クレディット・デフォルト・スワップ（CDS）やシンセティック債務担保証券（シンセティックCDO）などクレディット・デリバティブの範疇（はんちゅう）に属する数々の革新的な金融商品が出現した。

＊資産担保証券（ABS）——証券化の手法で、金融商品を集めリスクとリターンを再配分する仕組み。裏付け資産を保有するペーパー・カンパニーは、最初に毀損（きそん）する劣後部分と、一定の毀損まで元本が守られる優先部分の、いくつかのトランシェ（階層）に分けて有価証券を発行する。

＊クレディット・デフォルト・スワップ（CDS）——国や企業の債務が不履行になった場合、その破綻債務を埋める保証と引き換えに、購入者が販売者に対し、定期的に手数料を支払う2者間の契約。

＊シンセティック債務担保証券（シンセティックCDO）——ＣＤＯを組成する裏付け資産が貸出金等現物資産の場合は、キャッシュＣＤＯと呼ばれ、オフバランス取引のクレディット・デリバティブの場合はシンセティックＣＤＯと呼ばれる。

それに住宅ローン金融の証券化という別のイノベーションが、結びついてしまった。

これらの金融イノベーションは、２０００年代に入ってからの圧倒的な住宅バブルの発生、信用の膨張とその後の恐るべき金融崩壊の二つの局面で、決定的に重要な役割を果たすことになった。

１９９４年には世界の金利デリバティブと通貨デリバティブの総額は、米国のＧＤＰを上回る12兆ドルの規模に達していた。この数字は当時の銀行家を驚かせる巨額であり、それほどまでにマーケットの成長のスピードは目覚ましかった。

＊クレディット・デリバティブ（CD）――債券、貸出債権その他金融資産に内包されている信用リスクのみを取引する相対契約である。

２０００年のＩＴバブル破裂後、アラン・グリーンスパン議長率いるＦＲＢは、急激な利下げを行った。

２０００年のピーク金利６・５％は２００３年６月には、50年ぶりの低水準となる１％に低下した。

S&P/ケース・シラー住宅価格指数（主要20都市）

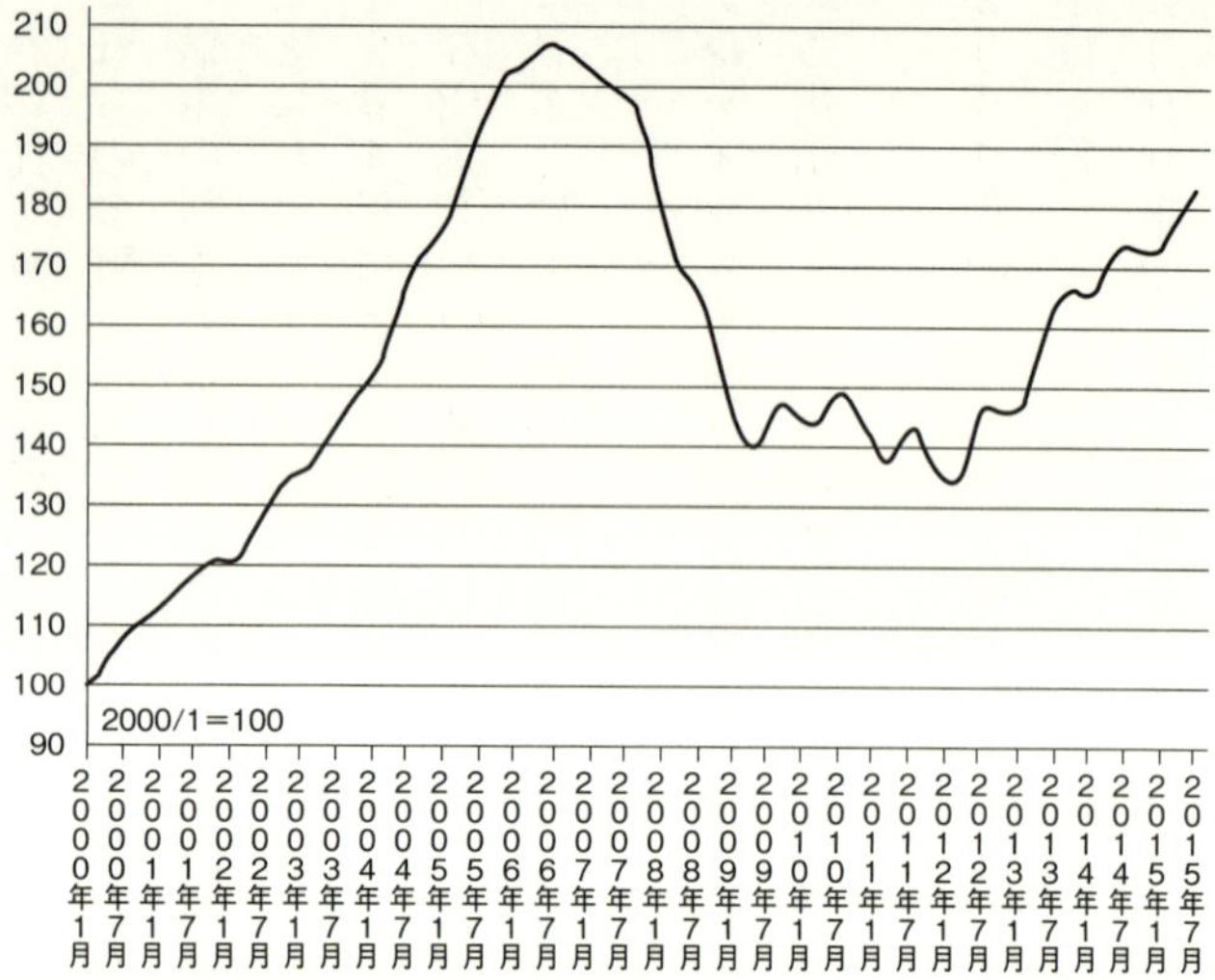

これが住宅バブルのスタートとなった。この利下げの結果、信用度の高いプライム層向けの住宅ローン金利は２０００年から２００３年の間に３％低下した。

標準的な固定金利の住宅ローンを想定すると、２０００年に18万ドルの家を買ったのと同じ月次返済額で、２００３年には36％も高い24万５０００ドルの家が買えることになった。

当然のことながら、ケース・シラー全米住宅価格指数は２０００年から２００３年の間に30％以上も上昇した。

その後住宅価格はさらに上昇し、ケース・シラー指数でみると、２０００年１月から２００５年12月の間に、主要10都市の指数は１２０％、主要20都市の指数は１０３％、全米の指数は87％と、６年間で２倍の住宅価格の急騰を招いた。

金利の下げが住宅価格の上昇に関係があったことは確かだが、バブルの間に住宅価格が2倍になった理由は、金利だけでは説明がつかない。ベン・バーナンキＦＲＢ議長が利上げに舵を切っても、住宅は上がり続けたのだから……。

バブルの背景にはもうひとつ、金融イノベーションの流れが加速したことも加えなければならない。

２００３年以降の住宅バブルは、米国の金融部門による往々にして詐欺的な不動産担保証券（ＭＢＳ）やそうした証券を原資産にする、高リスクのデリバティブを３兆ドルも生み出した。

狂った時代（Age of Insanity）

本当に狂った時代であった。

2003年ころから、わが家には毎日のように、小切手が送られてきた。額面は15万ドルとか20万ドルとかで、モーゲジ（抵当）金融会社が振り出した本物の小切手である。それにサインをして銀行に持っていくと、すぐ現金になる。

もし本当に現金化すると、1週間後にはそのお金に対するホーム・エクイティ・ローンの契約が送られてくるという仕組みである。

＊ホーム・エクイティ・ローン——住宅の市場価値から住宅ローン残高を差し引いた自分の持ち分（ホーム・エクイティ）を担保とするローン。

要は資金の借り手の信用チェックなどは無視して、何とか住宅ローン債権をつくって、証券化し、投資銀行から高い手数料をもらおうという商売なのである。

もちろん、筆者の住んでいるアパートが持ち家なのか、賃借なのかぐらいはチェックしていると思われるが、要は一切審査なしで、何百万ドルの現金が手に入るのである。

こうした有毒な（TOXIC）なデリバティブズの盛行により、住宅バブルはさらに膨らみ、最終的には巨大な金融崩壊に直面するわけだが、その崩壊の仕組みについての説明は、複雑かつ退屈なので割愛することにする。

それより住宅バブルがもたらした被害をわかりやすく概説しよう。アメリカ人の住宅の正味持ち分（ホーム・エクイティ）の価値は、2001年から2005年の間に6兆ドルから13兆ドルへと数字上は増大した。それはもちろん実質的な価値の増大ではなかったが、アメリカ人はそれを理解せず、住宅の価値の増大分とされるものを担保に、どんどん借金を重ねた。

それから暴落が訪れて、彼らの持ち分の価値は低下したが、彼らの借金の額は減らなかった。バブル崩壊後の5年間に、アメリカ人の住宅持ち分の価値は下落の一途をたどり、ついに6兆ドルまで落ち込んだ。これは2001年と同じで、ピークの2005年の半分以下だ。

2015年になっても770万世帯の住宅ローンがいわゆる「アンダーウオーター」（水面下、ネガティブ・エクイティとも呼ぶ）の状態にある。住宅ローンの残高が住宅の価値を上回っているのである。

貸し手が抵当権第2順位のホーム・エクイティ・ローンを積極的に貸し付けていたこと

で、さらに打撃がひどいものになっていった。

2000年から2007年の間に、アメリカの消費者は、ホーム・エクイティ・ローンによって4兆2000億ドルの現金を持ち家から引き出したことになる。

2005年には米国GDPの伸びの半分が住宅関連の活動によるものになっていた。2000年にはGDPの80%に過ぎなかった米国の家計の債務は、2007年にバブルが終わるころには、GDPの130%という史上最高水準に跳ね上がっていた。

1985年から2000年まで、米国の住宅価格対年収の比率は3倍ほどに過ぎなかったが、2006年までには、平均住宅価格は所得中間値の5・2倍にまで上昇した。

1980年のアメリカ人1世帯当たりの負債は6400ドルであったが、2005年には4万1000ドルまで膨らんだ。もし負債増加が経済成長と同じペースであったなら、負債金額はその半分で済んでいたはずである。

米国の家計は、2001年を80%も上回る債務負担に苦しんでいる。

ショックに対する金融システムの脆弱性を理解していなかったＦＲＢ

さて、こうした住宅バブルに対してＦＲＢはどのように見ていたのか。

すでにＦＲＢの理事であったバーナンキは２００３年、膨張する住宅バブルの中でも、バブルを警戒する金融政策は行うべきではないと主張していた。

２００３年12月のＦＯＭＣ（連邦公開市場委員会）に際してウォール・ストリート・ジャーナル（ＷＳＪ）紙の社説は、「ＦＲＢは過度の金融緩和を行っており、金融引き締めに早く転換すべきだ」と主張した。

６年後に公開されたその日のＦＯＭＣ議事録をみると、バーナンキは同紙社説をやり玉に挙げ、「こういった批判は的外れだ。ＦＯＭＣは辛抱強く金融緩和を続け、成長を不必要に止めないようにすべきだ」と力説した。

優秀なエコノミストであるバーナンキも結局、ただの人間であることを露呈した瞬間であった。

グリーンスパンFRB議長は2005年にバブルではなく、〝あぶく〟が特定市場において存在することを認めていた。

さすがに2005年あたりになると、FRBの内部では住宅市場に対する懸念を一部の人たちが持ち始めていた。しかしNY連銀エコノミストの部内レポートでは、「住宅市場の急激な上昇は住宅を支える堅調なファンダメンタルズ、すなわち低金利、高い生産性、ベビー・ブーム世代のピーク収益性、とりわけ富裕層における収入増加の結果である」としてマーケットを正当化する意見もあった。

また、2005年のFRB内部の議論では、連銀エコノミストの「この国の住宅ローン市場は、住宅価格の大幅下落に直面しても壊れることはないと判断しても差し支えないだろう」との見方を否定する意見は出なかった。

FRBの政策立案者たちは、住宅価格が下がるだろうこと、しかも大幅に下落する可能性があることを認識していた。しかし住宅市場がどれほど緊密に金融システムと結びついているかについて、または金融システムがショックに対してどれほど〝脆弱〟であるかについて理解していなかった。

そして、シカゴ連銀のマイケル・モスコウ総裁もこう述べていた。

「住宅価格が大幅に下落した場合でも、金融機関に対する影響は限られている」

２００５年のジャクソン・ホールの会議で、シカゴ大学の高名なマクロ経済学者であるラグラム・ラジャンが「金融システムの発展は、世界をより危険にしたか」という論文を発表した。

この結論のところで、彼は次のように述べた。

「自分の議論は何も銀行中心のこれまでの金融システムから市場中心の新しい金融システムへの変化が、経済にとって望ましくないと言っているのでも、危険を一般に増加させるものだと言っているのでもない。金融システムの変化にも、金融新技術の導入にも、プラス面があることは間違いない。

問題は、市場中心への変化や、金融新技術が『テールリスク』という、これまで十分に考慮されてこなかった危険の拡大につながっていることである。そのような新たな危険に対しては、新たな政策対応が必要である」

＊テールリスク——統計上の正規分布の周辺部（１％）で発生するリスクを指し、多大な

利益がもたらされるポジティブな右側テールと、ポートフォリオに重大な損失を与える可能性のネガティブな左側テールがある。

住宅価格の大幅下落がもたらす悲劇を予見できなかったＦＲＢの賢者たち

これに反論して、ＦＲＢのドナルド・コーン副議長は、「投資家がより大きな危険を引き受けているからといって、経済システムの抱える危険（システミック・リスク）も必ず拡大するとは言えない」と発言していた。これはＣＤＳ（クレディット・デフォルト・スワップ）が経済システム安定に貢献し得ることに触れた、グリーンスパン前議長の著書からの受け売りだった。

そのグリーンスパンの論旨は以下のとおりである。

「高率のレバレッジを効かせている貸し手からリスクを移転する金融商品は、とくにグローバルな環境では、経済の安定に決定的に重要になる。こうしたニーズにこたえてＣＤＳが考案され、市場を席巻した。世界のＣＤＳの名目元本残高は、２００４年末の6兆ドルから2006年半ばには20兆ドルを上回るまで増加した。

こうした手法のバッファー（緩衝物）としての威力が発揮されたのは1998年から2001年にかけてであり、急速に拡大した通信ネットワークに対する1兆ドルの融資リスクを分散する手段としてCDSが使われた。

インターネットバブルがはじけて、通信ネットワーク系のベンチャー企業がかなりの割合で債務不履行に陥ったが、その結果、経営危機に陥った大手金融機関はひとつもなかった。最終的に損失を蒙ったのは保険会社、年金基金などの資本力のある機関であり、これらがCDSの主な売り手であった。これらの機関は十分に損失を吸収することができた。したがって、過去のように債務不履行の連鎖が繰り返されることはなかったのである」

これはCDSの例をあげて、いかに金融のイノベーションがシステミックな危険の予防に効果を持つかという彼の信念の吐露であった。FRBの幹部は多かれ少なかれ、このグリーンスパンの考え方に近く、中でもコーン副議長は上記のとおり、システミック・リスクは拡大していないとジャクソン・ホールでことさら強調していた。

FRBの賢者集団は、徹底的に議論を重ねていた。

だが、彼らに欠けていたのは想像力、つまり住宅と金融がお互いにどう結び付き、その組み合わせがひとつひとつの独立要素に比べて、どれほど大きな損害を与え得るかを〝予見〟する能力だった。

FRBの賢者たち、およびバーナンキ議長以下の幹部は住宅価格の大幅下落は考えられても、それが世界の金融に破滅的な破壊をもたらす可能性については思いが至らなかったのである。

もちろん、FRBだけが間違っていたわけではない。

2006年夏には、NYタイムズ紙が、ITバブル破裂以降の長い苦しい調整が終わり、いよいよこれから新しい成長の時代が始まるとして、米国の著名大企業経営者、一流大学の著名エコノミストによる一大アンケート特集を打ったのを、筆者は鮮明に記憶している。

その論調は、ITバブル破裂から見事に回復した米国経済の先行きはバラ色であるとする見方が圧倒的に強かった。

その頃すでに住宅バブルは頂点を打って、下り坂に入り始めていた。ことほど左様に、人の営みは虚しい。1年先のことは神様でもない限り、誰にもわからないのである。

壮大なバブルの崩壊

２００６年の半ばには住宅価格もピークを付けた。
２００７年には住宅関連の不良債権が増え始めた。
ここで、年表形式でそれからの狂乱怒涛ぶりを列挙してみよう。

２００７年8月9日

モーゲジ証券の評価不能によりＢＮＰパリバが３本のファンドの解約を凍結、ＥＣＢが信用市場に緊急介入。

〈9月14日〉
イングランド銀行が破綻危機のノーザンロックを救済。

〈12月12日〉
ＦＲＢ、イングランド銀行、ＥＣＢ、カナダ中銀、スイス中銀がスワップ協定に合意。
金融危機における初めての国際協調により、ドルを欧州の銀行に供給。

2008年3月14日
FRBが300億ドルの資本注入により、ベアー・スターンズを救済。

〈9月15日〉

リーマン・ブラザーズが破産申請。

〈9月16日〉

FRBがAIGに850億ドルの緊急融資。

〈9月18日〉

FRB、ECB、イングランド銀行、カナダ中銀、日本銀行、スイス中銀がスワップラインを拡大。各国金融システムにドルを注入。

〈9月24日〉

FRBがスワップラインを、オーストラリア、スウェーデン、デンマーク、ノルウェイの中銀に拡大。

〈9月29日〉

FRBがスワップラインを3300億ドル拡大。

〈9月30日〉

アイルランド政府が国内銀行の債務保証を発表。他のヨーロッパ諸国から資金が流入。

〈10月7日〉

短期金融市場への流動性供給のため、ＦＲＢがコマーシャル・ペーパー資金調達ファシリティーを立ち上げる。

〈10月8日〉

米国、ユーロ圏、イギリス、カナダ、スウェーデン、スイスの中銀が初のグローバル協調利下げを発表。

〈10月29日〉

ＦＲＢがスワップラインをブラジル、メキシコ、韓国、シンガポールに拡大。

〈11月6日〉

イングランドが金利を１・５％引き下げ。

〈12月16日〉

ＦＲＢが政策金利をゼロ近くまで下げ、定期間にわたる超低金利の継続を発表。

２００9年3月5日

イングランド銀行が金利誘導目標を０・５％引き下げ、７５０億ポンドの国債買い入れを発表。

〈3月9日〉

世界の株式市場が過去10年の最低水準を記録。Ｓ＆Ｐ５００指数は２００７年の高値から57％下落。

〈3月18日〉

ＦＲＢが量的緩和を拡大。総額で１兆７５００億ドルの各種債券買い入れ。

以上が２００７年半ばから２００９年3月の株価底打ちまでのイベントであるが、欧州で火がついた崩壊の流れが、あっという間に世界に波及するグローバリゼーションの恐怖を改めて思い起こさせる1年半であった。

存続の危機に陥ったＦＲＢの抵抗

ＦＲＢはこの1年半の危機の間、次から次へと大きな決断を迫られた。まさにＦＲＢが過小評価していた、システミック・リスクのOnslaught（オンスロート――強襲）に米国経済、ひいては世界経済はメルトダウン寸前まで陥った。

ほとんどの場合、バーナンキＦＲＢ議長は経済を支えるための最善の手を打つことに専念し、政治は成り行きに任せた。

決定の多くは時間を争うものであり、深夜に下され、政治と切り離して考えられるべき問題であった。

こうして政治をおろそかにした結果、２００９年春には、党派も政治的思想も違う人たちがひとつだけ合意できる〝コンセンサス〟ができ上がってしまった。

金融危機の反省からもっとも手足を縛らなければいけない政府機関は、強大なＦＲＢだというコンセンサスであった。

ＦＲＢはちょうど都合のよいターゲットだったのだ。

リベラル派はＦＲＢが前議長グリーンスパンの自由市場教義に毒され、そのため大銀行への規制や預金者保護がおろそかになったと考えていた。

一方、保守派はＦＲＢが自由市場に介入し、流動性を過剰に供給し、判断ミスを犯した銀行を救ったと考えた。

両派ともＦＲＢを秘密主義の組織と見なし、十分な監督がなされていないと感じていた。

２００９年夏の世論調査ではＦＲＢの支持率はわずか30％で、内国歳入庁（ＩＲＳ＝国税庁）よりも低い数字であった。

深刻な金融危機の後には、必ず金融規制の議論がわき上がるものだ。

上院銀行委員会の委員長であったクリストファー・ドッド上院議員は、金融改革案をまとめる中心的な人物であった。

ドッドは、上院で60議席の支持を得られるような超党派（バイパーティザン）の法案をつくり上げようとしていた。

ＦＲＢを狙い撃ちすることが戦略の中心であった。

ドッド自身、ＦＲＢには不満を抱いていた。住宅バブルの間、グリーンスパンのもとで、ＦＲＢは不良貸付を抑制する手をほとんど打ってこなかった。また、危機の最中にＦＲＢ

がとった異例の措置は、権力の過剰集中の〝表れ〟であると思っていた。

ドッドはまた金融危機の根本原因は、監督機関が多すぎることだと信じていた。連邦レベルだけで５つの監督機関があり、その上に各州にばらばらに置かれていた。金融機関は認可の種類を選ぶことができ、したがって監督機関を選ぶことができた。予算と権力を失いたくない監督機関は、金融機関を逃さないために、あまり口を出さない傾向があった。

ＦＲＢの権力を縮小することが、超党派の合意形成につながるとドッドは考えた。ドッドの提案は、監督機関が重複する現在の複雑な制度に代わり、新設の単一組織を置き、ＦＲＢが長年独占してきた国内すべての銀行監督権限を移すというものである。それが強大になり過ぎたＦＲＢへの牽制である、と彼は考えていた。

バーナンキは必死でドッドを説得した。

ＦＲＢの過ちを認め、とくに危機前の数年間には不良住宅ローンを制限し、預金者保護のために手を打つべきだった。

危機の間の救済措置は、景気のこれ以上の落ち込みを防ぐために絶対に必要だったと主張しつつも、褒められたものではなかったし認めた。

さらに、「金融システムの安定維持政策からFRBを実質的に除外することは、誠に危険です。銀行監督の役目をFRBから取り上げるのはこの国にとって間違いです」と必死の抵抗を試みた。

2009年、バーナンキはこの金融改革の議会対策に忙殺された。何とか一部の民主党上院議員とティモシー・ガイトナー財務長官を味方にして、このドッドの企みをかわすことができ、2010年1月、バーナンキは議長職に再選された。しかし、上院の指名投票での反対票は史上最大で、FRBが米国政治の中で、脆弱な基盤に乗っていることは明らかであった（この項はニール・アーウィン著『マネーの支配者』〈早川書房〉を参照した）。

運命の悪手QE2（量的金融緩和第2弾）

FRBはリーマン・ショック後のメルト・ダウン寸前の状況でシステミック・リスクにさらされ、完全にクレディビリティ（信用）を失墜させた。

これ以上大きな失敗があれば、FRBが換骨奪胎の危機にさらされていることを、バーナンキ以下ＦＲＢ幹部は十分に認識した。

これ以降のＦＲＢのアクションは、金融政策においても、こうした政治的な立場を色濃く反映したものに変わったのではないかと考えられる。

ＦＲＢの政治的立場を強くするためには、景気回復に大きく貢献することが必要だった。その結果、遅々として進まない景気回復に業を煮やして、バーナンキは再選後の２０１０年11月から大規模資産購入策第２弾（ＱＥ２）を発動した。

ＱＥ１は２００８～09年のパニックを鎮めるための資産購入策であり、信用緩和策とでも言うべきものであった。いわゆるパニックで麻痺した市場を円滑にするための政策であった。

ＱＥ２はそれとはまったく違う総需要刺激策だった。政治的基盤が脆弱化したＦＲＢが、何とか良いところを見せようとして、いわゆる非伝統的金融手段であるマネタリー・ベースを膨らます姿勢へ一歩踏み込んだわけである。

もともと経済学者としてのバーナンキはこのマネタリー・ベース膨張策にはまったく信を置いておらず、これ自体が総需要を刺激して、景気回復をもたらすとはまったく思っていなかった。

2008年12月のFOMCの議事録をみると、バーナンキは「日本の量的緩和アプローチは、中央銀行のバランスシートの負債側、とくに準備預金やマネタリー・ベースの量に焦点をあてたものだ。その理論は、銀行に安いコストの資金を大量に配ることで、彼らが貸し出しを増やし、それが広範囲にマネー・サプライを増加させ、物価を押し上げ、資産価格を刺激し、経済を刺激するというものである。

緩和政策に関する私の評決はきわめてネガティブ（否定的）だ。私には大きな効果がみえなかった。それ故、われわれは量的緩和策とは異なる政策を議論したい」と発言している。

エコノミストとしてのバーナンキの発言である。

2009年、FRB存続の危機にさらされ、かろうじて再選された後は、FRB議長バーナンキとして組織防衛の観点から発言するようになった。

2010年春の経済指標は2・4％の経済成長を示していた。

大事なポイントである2・5％成長をなかなか超えない景気に対して、危機感をあらわにしだしたバーナンキは、「FRBの政策目的は、物価の安定と雇用の最大化である。物価上昇2％を下回っていることは、物価が安定しているとみてよい。雇用の回復は期待を大きく下回っている。したがって、FRBの仕事は経済に資金を注入することである。たとえその効果が定かではないとしても」と微妙に立場を変えてきた。政治的にそう動かざるを得なかったのだ。

その年、2010年8月のジャクソン・ホールの会議で、彼は「FOMCはもし必要と判断されれば、とくにもし景気の見通しが大幅に悪化した場合には、非伝統的な追加措置を提供する準備があります。ただし、措置の恩恵が弊害を上回る場合にのみ発動されるでしょう」と発言し、QE2（筆者がFRBの失敗と考える政策）に踏み切る準備があることを示唆した。

なぜこれが失敗であると思うかというと、金融政策の決定の背景にある動機が〝不純〟だからである。

エコノミストとしてのバーナンキの良心からではなく、FRB議長バーナンキが過去の失敗を取り返そうと一擲した乾坤だったからである。政治的な動機による賭けは、まず成功しないだろう。

話は変わるが、ここで面白いのは日本銀行との対比である。

同じ危機に対する対応でも、日銀は何もしないことが組織防衛の基本であっただろう。バブル破裂後、金利を下げ終わるまで5年もかかった日銀は、まさに〝非行動〟の権化であることを証明してみせた。

その失敗にもかかわらず、1998年施行の新日銀法で独立性を担保されたばかりであり、存亡の危機感はなかっただろうと、筆者は推測する。

それに対して、FRBは存亡の危機に対して、プロアクティブ（先回り的）に行動した。日本はいつも手遅れ的に行動する。日米文化の違いかもしれないが、実に興味深い現象である。

唯一、日銀がプロアクティブに行動したときは、2000年に行った時期尚早の金融緩和解除というモニュメンタル（記念すべき）・ミステークだった。こんなところが、いかにも日銀らしい。

バランスシート不況に入り込んだ米国

野村総研のリチャード・クー氏の『バランスシート不況下の世界経済』（徳間書店）は、今の世界の経済情勢を的確に分析した好著である。学ぶべきことが非常に多い。

バブル崩壊によって生じるバランスシート不況というのは、まさにわれわれ日本が経験した「失われた20年」の構図である。ここではは碩学クー氏のウィズダム（お知恵）を拝借して、米国の現状を考えてみたい。

借金でファイナンスされた巨大な資産バブルが崩壊すると、その後の経済の立て直しは非常に困難になる。長い苦しい時代を経て、やっと出口を出ることになる。

アメリカの苦しみもまさにそれである。

過去3回の不況からの回復過程をグラフ（92ページ）によって見てみると、明らかに今回の回復が不況すれすれのボーダーラインにあることがわかる。

ＦＲＢの景気回復のコメントで洗脳されているマーケットは、目隠しをされて屠殺場に向かう牛のようなものである。

不況脱出後6年のGDP成長率比較

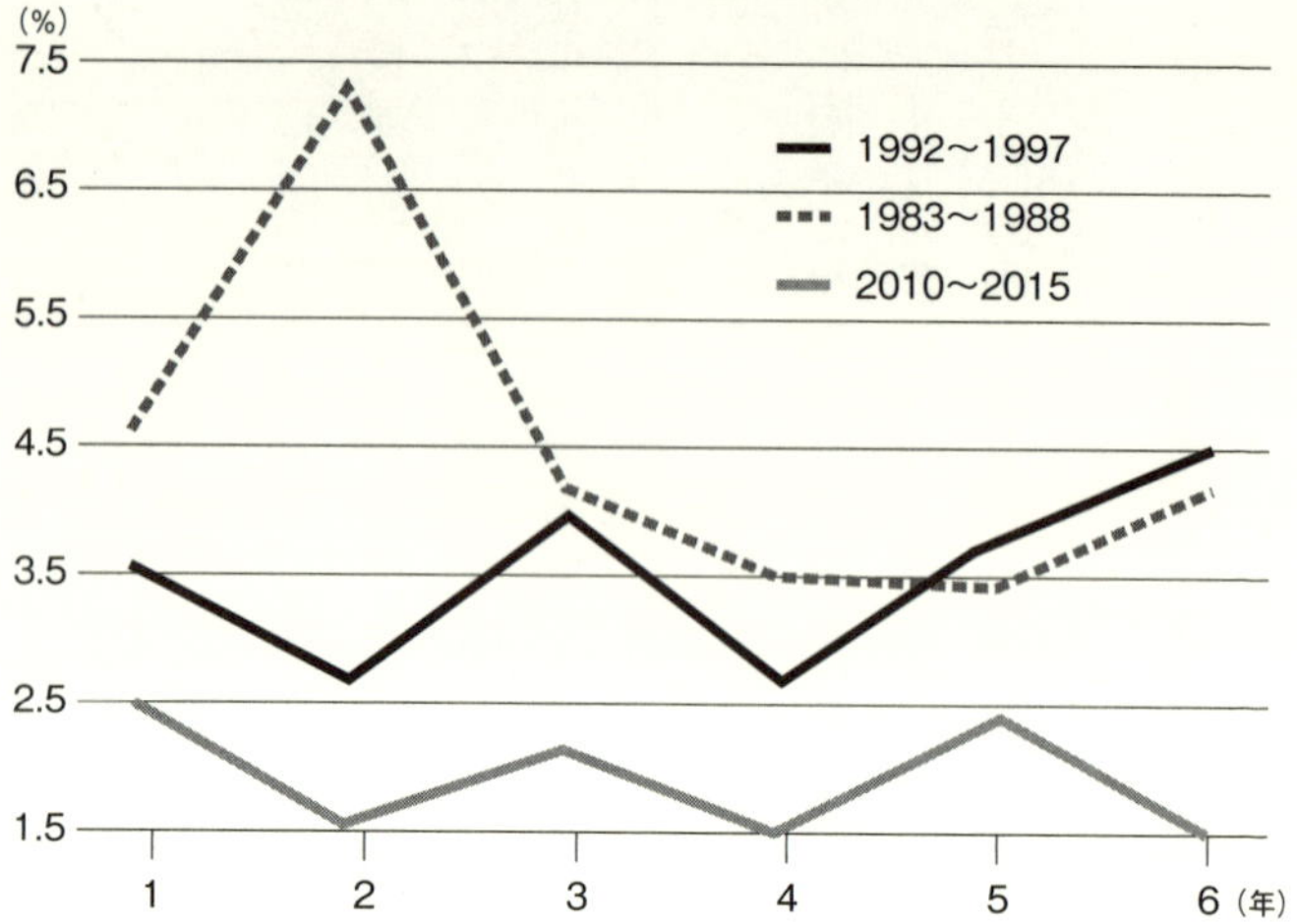

出典：Bureau of Economic Analysis

クー氏の言うバランスシート不況は、一時アメリカではＲＲＭ型不況として議論された。リーマン・ショック後の大不況の性格についての議論が盛んに行われた。

レーガン政策では、１９８０〜82年不況後の景気の回復は爆発的だったが、今回の景気回復は回復感のない回復ではないかとする意見が多かった。それに対する識者の解答は、「これはＲＲＭ型不況である」というものであった。

リーマン・ショック後、多くの国が金融危機をともなう景気後退に入った。

この金融危機をともなう景気後退は、ラインハート・ロゴフ・ミンスキー型（ＲＲＭ型）景気後退と呼ばれるものである。これは米国の3人の経済学者の名前を連ねたもので、この中のミンスキー氏が提唱したRRM型の原因は、裏付けのない無節操な債務、レバレッジ、資産価格の膨張である。

このRRM型と従来のケインズ型景気後退との違いはこうである。すなわちケインズ型の場合原因は需要減であり、たいていの場合中央銀行がインフレ対策として行う意図的な高金利政策に起因する。

これに対する処方箋は簡単である。政府が需要を喚起すればよい。普通の場合、財政拡大と金融緩和を組み合わせて対応する。

そもそも景気後退を招いたのが中銀の政策なのだから、その政策を逆転すれば景気後退に歯止めをかけるのは難しくない。米国などで起きた戦後の不況の大半はこれに該当する。レーガン大統領就任後の景気回復もこの形である。

しかし1990年代以降の日本や、2008年以降の多くの国がこうむった景気後退は、この説明には合致しない。

RRM型は金融システムが深刻な打撃を受け、機能不全に陥り、長期間にわたる大規模なデレバレッジ（債務圧縮）が必要になる。

低インフレやデフレで実質債務が膨らむため、債務者は返済が困難になる。

また金融機関の救済、景気後退で政府財政は大赤字になり、財政出動の余地がなくなる。中銀も金利がゼロに近くなると、効果的な金融政策が打ち出せなくなる。

これがＲＲＭ型景気後退で、ケインズ型より深刻になりがちである。

基本的にはあらゆる経済主体が一斉にデレバレッジに走ることから、合成の誤謬（個人や個々の企業がミクロの視点で合理的な行動をとった結果、社会全体では意図しない結果が生じること）で景気後退が深刻化するわけだ。

家計は支出の代わりに貯蓄、企業は投資の代わりに貯蓄でレバレッジを解消しようとする。

そのままでは経済が崩壊してしまうので、政府が最後の貸し手として大きく債務を膨らませて国民経済を救おうとする、というのがこのＲＲＭ型の道筋である。

そうすると、財政赤字が巨額に上ることから、今度は政府がデレバレッジをする必要が出てきて、景気が悪いのに歳出削減、あるいは増税するような政策がとられ、さらに景気の悪化に拍車をかけるということになる、まことに始末に悪い景気後退なのである。

こうした状態を、別の表現で日本化（Japanization）と呼ぶ。わが国の失われた20年は、まさに典型的なＲＲＭ型景気後退である。

米国もリーマン・ショックで、このＲＲＭ型不況――バランスシート不況に入り込んだ。

バーナンキ議長の不明

バランスシート不況に対する処方箋とは何か。

基本的には時間をかけて、経済のレバレッジを解きほぐしていくことが必要ということになる。

バーナンキＦＲＢが実施したＱＥ２以下の政策の評価は、クー氏の哲学的分析である以下の言葉に尽くされている。

「ゼロ金利でも民間が貯金や借金返済に回ってしまうバランスシート不況下で、一番不足しているのはおカネの借り手である。そのような中で残った唯一の借り手である政府に対して、民間金融機関だけでなく、中央銀行までＱＥという形で貸し手として参加してくることが経済全体にとってプラスになるとは思えない」

さらにクー氏は、

「また国債の利回りが中央銀行の買いによってメッセージ性を失い、またその結果、本来借り入れを増やすべき政府が逆に財政再建に向かってしまったとしたら、トータルでみた中央銀行による国債購入は、経済にとってマイナスになってしまう可能性もある」
とも述べている。

バーナンキ議長はFRBが国債を買ったことで、政府の財政赤字の実質負担はかなり減少したと、ある講演で述べている。3年間で保有する国債の金利収入2000億ドルを政府に還付しており、この金額は通常時よりQEのおかげでずっと大きいというのがその理由である。

しかしこれは本来、民間に入るべき金利収入がその分減少したことになり、民間にとって必ずしも良い話ではない。この金利収入の2000億ドルが財政赤字の減少に使われるより、民間の収入となって、そのかなりの部分が消費や投資に回ればアメリカ経済はその分元気になるはずである。

以上のクー氏の分析は、非常に優れている。

バランスシート不況下で起きる独特の流動性相場

しかし、さらに以下の説明は、同氏の経済事象を一般化する能力の素晴らしさを示すと同時に、現今の米国経済を良く説明しているものとしてぜひ読んでいただきたく、ここに若干長くなるが引用するものである（『バランスシート不況下の世界経済』１９３〜１９４ページ）。

……これはマネーサプライが増えず景気も物価も上向かない中で、銀行や機関投資家が運用しなければならない資金だけが急増するところから来る「流動性相場」である。なぜ運用しなければならない資金だけが増えるかというと、通常の借り手がおカネを借りなくなったどころか、逆に貯蓄を増やしていることに加え、通常に貯蓄する人びとは以前と同じように貯蓄をしているからである。

しかも中央銀行の量的緩和で民間に供給された資金も最終的には貯蓄性資金として、これらの資金運用者に託されることになる。

QEを受けて資産を中央銀行に売った人々は、もともとその資産で貯蓄をしていたのであり、その資産の形が債券から現金に変わったところで、彼らがその現金を消費に回す理由はないからだ。

そうなると、資金運用者の世界だけは、真に資金でジャブジャブになってしまうのである。

通常の経済における金融緩和は、経済全体のマネーサプライを増やすが、バランスシート不況下の金融緩和は、資金運用者に託された資金だけを増やすという違いがある。

結局、これまでの市場は、多くの投資家が中央銀行のマネタリーベースの伸びをマネーサプライの伸びと〝混同〟して、やがてマネーサプライが増えて景気が良くなるという前提で動いてきたが、資金がジャブジャブなのは資金運用者の世界だけで、実体経済は民間がおカネを借りない中でマネーサプライが増えず、景気の低迷が続いているのである。

このような状況下、全体像が見えている投資家は、マネーサプライは伸びず景気はなかなかよくならないという前提で債券市場に目を向けるが、全体像が見えていない投資家は、量的緩和でマネーサプライは伸び、景気は良くなるという連想で株を買うということになる。

そして、この後者の投資家の動きが、株価が実体経済の先を行ってしまうという昨今の動きをつくってしまうのである。私は以前からバランスシート不況下でも、前述の理由でミニバブルが発生しやすいと指摘してきたが、昨今の株価にもそのような傾向があるように思われる……

まさに、今、米国のマーケットで起きていることを、これ以上明確に説明するものはない。

米国の株は、ミニバブルか大バブルかは知らないが、まさに破裂寸前である。米国の債券市場は度重なるＦＲＢの利上げ発言にもかかわらず、財務省証券10年物の指標相場の利回りは２・５％を天井に、徐々に低下する流れを変えていないのである。

後で説明するが、米国の長期金利は２０２２年まで下げだと歴史は語っている。

米国のバランスシート不況はそう簡単には終わらない。しかも、この米国株式バブルの崩壊により、これから本格的なデフレ波が襲ってくるのである。

QE以外にFRBのできることはあったのか

FRBの支持者たちは、「FRBはほかに何ができただろう」とFRBを擁護する。

彼らはこう主張している。

「仮に2008年以降の、QEによる未曾有の貨幣創造を実行しなかったら、資産価格はさらに落ち込み、失業率は今より格段に高く、GDPの成長率は現状より大幅に低くなっていただろう」

「1930年代の不況と同じく、倒産の増加と工業生産高の大幅な減少により、経済の激しい収縮が起こっていたかもしれない」

要するに、FRBの擁護者たちは、けた外れの貨幣創造をやる以外に選択肢はなかったのだと考えているわけである。

この見方では、量的緩和からの出口戦略を実行するという問題は、不況がもたらす諸問題より対処しやすいということになろう。しかし、誰もやったことのない非伝統的金融手段である量的緩和が最後にどう〝転ぶ〟か、誰にもわからないのである。

しかし、熱心なＦＲＢの擁護者たちは、「ＦＲＢは２００８年に正しい策を選び、それをきわめて巧みにやり抜いた」と主張している。

これがバーナンキはヒーローだという物語、今ではジャネット・イエレンに引き継がれた、ＦＲＢの栄光の物語を生んだ主流の見方である。

しかしながら、『ドル消滅』（朝日新聞出版）の著者ジェームズ・リカーズは、同著の中で以下のように述べている。

「１８３７年以降のアメリカの不況の歴史は、ＦＲＢの行動に関する別の見方を裏付けている。この見方に従うと、ＦＲＢは２００８年後半の金融パニックの最悪の局面を緩和するに十分な流動性だけを供給（ＱＥ１）するべきであった。

それ以後は、超過準備の額を制限し、金利を１～２％という正常なレベルに戻すべきだった。ほとんどの大手銀行——シティバンク、モルガン・スタンレー、ゴールドマン・サックスを含む——が一時的に国有化されるべきだったし、それらの銀行の株式保有者は一掃され、債券保有者は資本を回復する必要性に応じて元本の削減を受諾させられるべきだった。

不良資産はこれら銀行からはぎ取られて管財人に移管され、それから長期の政府信託に組み入れられて、状況が許せば納税者の利益のために清算されるという処理が可能だっただろう。

銀行の経営陣に対する強制措置や刑事訴追が証拠に基づいて進められたが、彼らは解雇されるべきだった。最後に資産価格とりわけ住宅と株式の価格は、てこ入れされずに2009年の水準よりはるかに低い水準まで下落させられるべきだった」

さらにリカーズはこう続けた。

「このシナリオでは、2009〜2010年の倒産や失業は、はるかに多くなっていただろうし、資産価値は実際の水準よりはるかに低くなっていただろう。2009年は失業が急増し、工業生産が崩壊し、企業倒産が多発して、不況の深刻さの点で1930年に酷似した年になっていただろう。

だが、それにより変曲点が訪れていただろう。政府所有の銀行はバランスシートをクリーンにしたうえで再上場できていただろうし、貸し出しに対する新たな意欲を示していただろう。

プライベート・エクイティ・ファンド（未公開株投資ファンド）は、生産的な資産をバーゲン価格で見つけて投資し始めていただろう。単位労働コストの低下により、豊富な労働力を動員して生産を拡大することができていただろうし、弱々しい回復ではなく、力強い回復が始まっていただろう。不況は２０１０年には終わっていて、２０１１年、２０１２年の実質成長率は４〜５％になっていただろう。

２００９年にさらに深刻な不況に陥っていたとする仮定の核心は、米国経済に必要な構造調整が促進されていただろうと説いているわけである。

筆者はこのマター（事態）についてリカーズほどの知見を有しないが、実際問題として、米国が上記の措置をとることは非常に困難であったろうことは容易に想像できる。

それがアメリカの運命であったのだろう。

ＦＲＢは貨幣増刷でデフレ回避に一生懸命であったが、基調になるデフレは異常な現象ではない。システムが、借金と無駄な投資をし過ぎて崩壊寸前になっていることを示す正当な価格シグナルである。

デフレを示唆する価格シグナルは、アスリートの痛みをステロイドで誤魔化すのと同様、貨幣増刷により弱められた。だが、デフレは消え去ったわけではない。

これからも構造調整が行われるまで消え去りはしない。まやかしのＱＥ２は、皮肉にもほとんど成功したかのようだ。

しかし、運命の２０１５年後半、懸命のＦＲＢの努力をあざ笑うように、株価の崩壊で米国経済の実態が露呈するだろう。

第3章

ＱＥバブル破裂後の米国経済

ITバブルの破裂を救った住宅バブル

2000年3月、ナスダック（NASDAQ）総合指数は5132ポイントの高値を付けた。巨大なITバブルが破裂したのは、その直後のことであった。

1995年から1999年まで毎年20％以上上昇していた株価は、その挙句に、最後の壮大なお祭り騒ぎをした。最後の打ち上げ花火は、1999年10月からの6ヵ月で2632ポイントから5132ポイントの天井へと、ほぼ株価が倍増する垂直的な上昇相場であり、誰が見てもクラシックなバブル天井であった。いわゆるドット・コム・バブルである。

投資家は「ニュー・エコノミー」の台頭を信じ、出鱈目な戦略のベンチャーでさえ「ドット・コム」の冠がついていれば、永遠の成長と驚異のリターンを約束するものだと信じ込んでいたのであった。

NYダウもナスダックほどではないが、1974年12月の570ドルの大底から2000年1月には20倍の1万1750ドルの天井を付けて、第1次バブルの破裂となっ

ナスダック総合指数の推移

1971年2月5日を基準値100と計算されている

た。スペクタキュラー（華やか）なブル（強気）マーケットの崩壊である。

２００１年９月には、米国を襲った同時多発テロ事件もあって、株価は下げ幅を広げた。２００３年３月のイラク戦争を経て、２００２年10月にとりあえず第１次バブルの破裂の底値をみた。

ナスダックの底値は１１０８ポイント、NYダウは７１９７ドルが底値であった。ナスダックは78％、NYダウは38％の下落であった。

FRBは株価の下落が経済全体に波及しそうになった２００１年１月から、短期金利の誘導目標を引き下げ始め、その年11回にわたる金利引き下げを行った。

ダウ平均株価

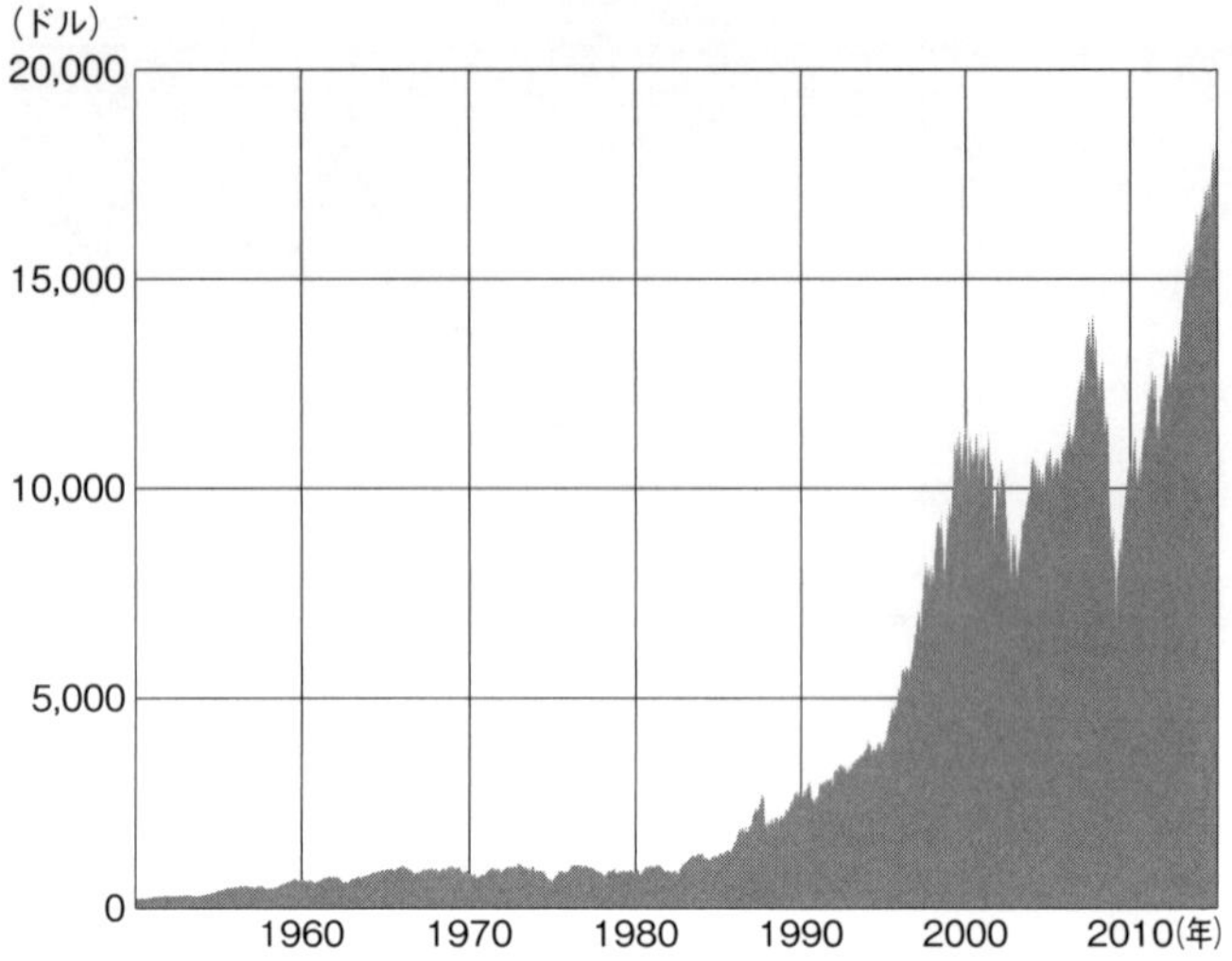

日本のデフレの研究を真剣に行っていたFRBは、バブル破裂から金利の下げの底をみるまで、5年を要した日銀の真似だけはするまいとする、急激な金利下げであった。

株価は下げ止まったが、2002〜2003年は米国内でもデフレ圧力が強く、2003年6月のFOMCで初めて議事録に「D」の字が登場した。「Deflation」(デフレーション)である。

グリーンスパンはデフレを恐れたため、景気が回復に転じても、2004年まで低金利を継続した。

その結果、今度は、それでなくても上昇

が目立っていた住宅価格にさらに火をつけることになった。２０００年から２００５年の間に全米でほぼ１００％の住宅価格の上昇となり、住宅関連の消費がＧＤＰの80％を占めるほどの景気になり、ＩＴバブル破裂の傷を癒やしたことになった。

いわば、ＩＴバブルの破裂を住宅バブルで救ったようなものだ。

その住宅バブルは２００６年にはピークを打ち、２００７年10月には株価が天井を打ち、２００８年９月にはリーマン・ショックが襲い、株価は暴落した。言ってみれば、住宅バブルの破裂であった。

QEバブルが破裂した２０１５年８月

ＩＴバブルに次いで、住宅バブルも破裂した米国経済は、メルトダウンの危機に瀕したが、巨額の財政資金投入とＦＲＢによる流動性供給で何とかしのいだ。

２００９年３月に株価は底を打ち、その年の後半には景気も底を打った。

しかし、景気は底を打ったものの、回復のスピードは遅々として、今までの景気回復に比べて明らかに活力を欠く回復でしかなかった。

米国経済はバランスシート不況に入り込んでしまったのである。

２０１０年秋には、２・５％の経済成長率の目前まで来たところで、ＦＲＢはさらにもう一段の景気回復をたしかにするために、ＱＥ2を打ち出した。

住宅バブル破裂後の景気のテコ入れに、今度はＦＲＢの市場介入、すなわちＱＥという手段を持ち出してきた。その結果、株価は急激に回復、住宅価格も底を脱し回復の緒に就いた。

まさに97ページでリチャード・クー氏が予言したごとく、ミニバブルをつくり出したのである。

住宅バブルの崩壊を今度はＱＥバブルで救ったことになる。あるいは救おうとしているといったほうが正確だろう。

ＱＥバブルで株、住宅など資産価格は上昇したが、景気は２％前後の低迷状態を続けている。

ＦＲＢの宣伝によって、２％の経済成長があたかも大変な業績のように、市場は洗脳されているが、基本的には非常に低い成長率で、少しのショックで不況に入り込みかねない糊代の非常に小さい成長に甘んじている。

ＦＲＢが必死の思いで踏み出したＱＥがほとんど「資産価格の上昇」しか生み出さず、期待したほどの経済成長を生まないうちに、資産価格の上昇が終わってしまった。そして、株価が天井を打った。これが２０１５年夏の出来事であった。

資産価格の上昇が終わると、今まで少しは改善を見せていた景気が再び逆回転して、一気にデフレ圧力が強まる。ＱＥバブルの〝破裂〟である。

ＱＥにより何とかデフレから脱却しようとした米国経済だったが、Inevitability（必然）であるデフレから逃れることができないで、何とか時間稼ぎをしただけであった。

時間稼ぎをしている間に、２段目のロケットに点火してさらに急上昇するのではなく、１段目のロケットが十分上昇しないまま燃え尽き、２段目ロケットは点火せずあえなく景気は急降下する羽目に陥ったわけである。

このＱＥバブルの破裂を救う次のバブルはもう存在しない。

必然として、長期間にわたってデフレ圧力に呻吟する米国経済の姿が見えてくる。

必然としてのデフレ

なぜ運命的に米国はデフレに入らなければならないのか。

マスとしての一国の経済活動は常に波動である。ひとつの動きが行き過ぎたとき、それと逆方向の動きが発生する。そうした作用――反作用の中である事象による極端な受益者、あるいは極端な被搾取者の運命が公平（Fairness）の原則に則って、交代していくのが〝見えざる神の手〟ではないかと筆者は考える。

実際、過去の筆者のマーケット経験の中で、この公平の体現はありとあらゆる波動でウイットネス（目撃）されてきた。

そうした事象に出会うとき、マーケット、あるいはマスとしての経済活動は神意（運命）であり、人為ではないことを悟らされるのである。

別の言い方をすれば、経済やマーケットは複雑系の世界なのである。

エコノミストは依って立つ3段論法による、一般均衡モデルなどで先行きを予測するが、ほとんど当たらない。

しかしFairnessで律する予測の的中確率は高い。なぜなら神意を忖度することにより、複雑系の世界に接近することができるからである。

さて米国の社会、経済は過去35年にわたり、いわゆるレーガン・アジェンダのシステムの中で運営されてきた。保守主義政治思想し新自由主義経済思想である。その結果、何が起こったかというと、一部の金持ちが支配する政治体制（Plutodemocracy、金権民主主義）と資本家、経営者が富を独占する経済である。

１９６０年代の経営者の報酬とその会社に勤める勤労者の報酬の倍率は平均的には、１対20であった。それが今では１対３００といわれている。

例えば、２０１３年の米国の経営者で給与ボーナスの総額のトップに輝いたのは、オラクルの創業者でありＣＥＯのＬ・Ｊ・エリソンであった。当然ながらストックオプションによるものが多いのだが、その金額たるや７８４０万ドル、１ドル１２０円換算すると約94億円にも達する。

虚しい計算をしてみた。仮にエリソンＣＥＯが１週間40時間働く時給計算ならば、時給はナンボになるのかと。すると１時間で３万８０００ドル、約４５０万円もらっているこ

2009～14年の賃金減少

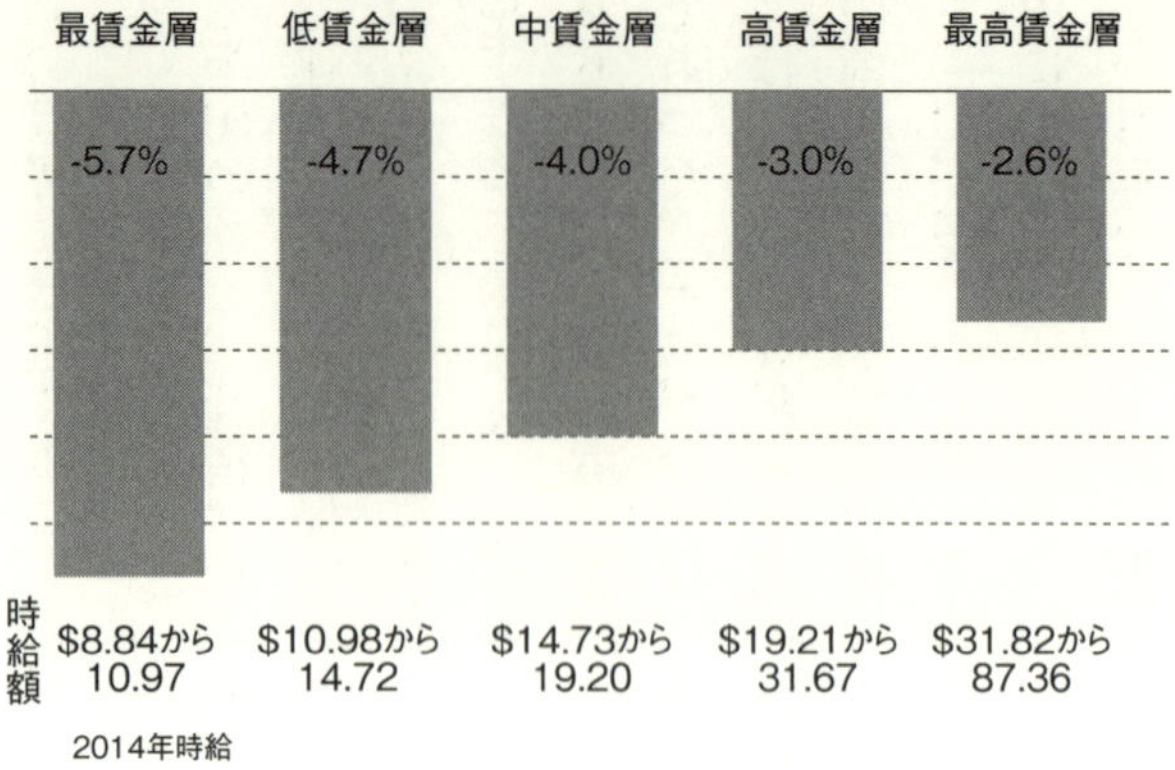

就業者数上位10の職種における最低賃金の賃金減少（2009～2014年）

	2014年度の総就業者数（単位：百万人）	賃金減少率
小売店員	4.6	-5.0%
レジ係	3.4	-3.9
厨房係	3.1	-3.9
ウェイター、ウェイトレス	2.4	-4.8
用事各員、清掃作業員	2.1	-6.6
介護従事者	1.3	-6.6
コック	1.1	-8.9
お手伝い	0.9	-6.1
調理工場勤務	0.9	-7.7
在宅介護業務	0.8	-6.2

出典：National Employment Law Project　THE NEW YORK TIMES

とになった。

ほかにも年収1000万ドルプレーヤーがごろごろいるのが米国の実相である。

過去30数年の米国の経済成長の果実は、ほとんどが1%の上位階級により簒奪された。99%の勤労者の実質収入はほとんど横ばいである。

これは明らかに不公平である。

レーガン・アジェンダによる体制を長引かせるために、2000年以降、米国は2度にわたるバブル破裂を〝人為的〟な手段で救うという愚を犯した。

今3つ目のバブルである「QEバブル」がやはり運命的に破裂する結果、公平（Fairness）の観点からすれば、デフレが起こるべきである。

圧倒的な被搾取者であった勤労者一般大衆はデフレによる物価下落により、昇給がなくても実質生活水準の向上が期待できる。

しかも、その生活水準の向上がデフレによりなされることにより、政府に課税されることがない。無税の生活向上である。

もし昇給で生活水準の向上が達成される場合、昇給分の少なくない部分は課税され、実質的な生活水準の上昇がその分、阻害されるからだ。

(もちろん、これは哲学的なFairnessの問題から導く結論であり、デフレの結果、企業が倒産して、一般勤労大衆が被害を受けるというのは別次元の議論である)。

原油暴落で始まった米国デフレの第1波

米国の一般大衆がデフレによる利得を享受すべきだと申し上げているが、現実にはもうその流れは始まっている。すでに米国デフレ第1波は始まっているのである。

2014年6月の1バレル107ドルの高値からの原油相場の暴落である。2015年4月には40ドル台まで暴落し、2015年8月現在でも40ドル台に低迷している。

まさに公平(Fairness)の観点から起こるべき一般大衆のためのデフレはすでに始まっているのである。

米国のガソリン価格は州によって違うが、一般的にはそれでも1ガロン4・5ドルから2・5ドルあたりまで急落している。これによって、米国民の一般家計のデフレによる利得は1300億ドルに達するといわれている。

米国労働省によると、平均的な米国の家計は支出の8～10％をこれらガソリン、天然ガス、燃料油に割いている。したがって、実質所得で4・5％の増加の効果があるとしている。

この原油暴落についてはいろいろな見方があるが、筆者は前記の歴史的パースペクティブ（遠近法、将来を見通す力）を踏まえて、レーガン・アジェンダに対するカウンターアクションであるデフレの始まりとみている。

それが証拠に、ガソリン価格下落で期待された消費者の爆買いは起こらず、むしろ貯蓄率が上昇するという、一般均衡モデル的なフォロースルー（予想される結果）にはない、複雑系の〝反応〟が起きているのである。

これは一般家計が手にしたエクストラ・キャッシュ（余分な現金）をすぐ消費に結びつけない行動に走っているわけで、典型的なデフレ・シンドロームである。

現在では、まだそこまではっきりはしていないが、現金の価値がデフレにより日ごとに高まっていくというデフレの決定的特徴が見られるとき、人や企業は現金を退蔵し、消費や投資を行わない。この流れは自己強化的に悪化していくのである。

次にデフレ第2波の株式下落が始まると、このデフレ・シンドロームは自己強化を始める。問題は、そのデフレ第2波の株式下落が2015年夏から始まったことだ。以上のような筆者の見方とは違う意見を持つ人も多い。

FRBなどはその典型的な機関であろう。

議長ジャネット・イエレンのFOMC後のステートメント（発言）や記者会見などでは、必ず時間の経過とともに、原油下落による物価の一時的な下振れ現象は解除され、インフレ率はFRBの目標の2％に到達すると力説している。

また原油下落には景気刺激効果もあり、これから行う金利上げも正当化されるとたびたび述べている。

違うのである。原油暴落はデフレの始まりなのだ。

FRBの見方は、原油の暴落を歴史的パースペクティブからの必然と見ないで、偶発的な経済事件として一過性の現象とみる見方に過ぎない。

ここに彼女、あるいはFRB幹部の物事の本質を見る資質の希薄さをみるのは筆者だけか。

もちろんマーケットの圧倒的多数は無批判に、FRB的見方に左右される烏合の衆であることは先にふれた。

米国景気はFRBのまやかしの報告により、一見好調さを保っているように見えている。株価はこれ以上、上がれないところまで来ている。住宅産業も好調に見えているが、賃貸し用の集合住宅の着工が多く、住宅を買う人は比較的少ない。

それは当然であろう。モニュメンタルな住宅バブルを起こしてからまだ10年も経っていない。住むところが必要なら家を買うのではなく、住宅を借りるほうを優先する。これは、典型的なデフレ・シンドロームである。

サマーズによる米国経済長期停滞説

米国元財務長官のハーバード大学教授ローレンス・サマーズが2013年秋、問題提起をしたことから米国経済長期停滞説に関心が集まっている。

サマーズの問題提起の主旨は以下のとおりである。

「第2次大戦後の復興・高成長につながった投資ブームは1970年代ごろには終わり、先進国経済は押し並べて成熟化の傾向を示すようになった。実はこの時点で実物的な投資機会はすでに乏しくなってきており、低成長が避けがたくなっていた。投資機会が一巡した背景には、人口増加率の低下と技術革新の一巡などがあると示唆されている。

ところが、米国経済は金融依存を強め、資産価格バブルを引き起こすことで、その後も高成長を維持してきた。そうした実体を欠いた嵩上げが限界に達した結果として、今般の金融危機が発生し、それを契機に長らく糊塗されていた低成長の実体が露呈してきた」

これと同様の主旨を水野和夫氏が『資本主義の終焉と歴史の危機』で述べている。

さらに、慶応義塾大学の池尾和人教授は2014年7月15日の日本経済新聞の「経済教室」でさらに敷衍して、「米国の自然利子率はこれまで2%程度であると想定されており、それに目標インフレ率の2%を加えた4%が平常時における政策金利の目安とみられてきた。しかし、長期停滞説が正しいとすると、実際の自然利子率は0%近傍まで低下している可能性がある。

もしそうであれば、目標インフレ率を一定とすると、経済が正常化した後でも、金利の上昇は2%止まりになるという計算になる。FRBが量的緩和を終了したにもかかわらず、米国長期金利の上昇が限定的である背景にはこうした事情があるとも考えられる」と書いている。

　こうした長期停滞肯定派に対しバーナンキ前ＦＲＢ議長は、過剰貯蓄、過少投資は世界的な現象で、経常黒字国が政策的に過剰貯蓄を生み出そうとしているためだという。かつてはアジア新興国や産油国が貯蓄をため込み、その資金が米国債市場に流れ込んだ。その結果、米国長期金利が低下し、ドル高が進行、貿易赤字が膨らんだ。現在でも構図は同じだが、黒字国がユーロ圏、中でもドイツと南欧に替わったという。

　バーナンキは黒字国に過剰な貯蓄を減らし投資促進を要請するほか、国際的な資本移動の障害となる政策、制度を見直すことをその処方箋に挙げる。国際資本移動が一層円滑になれば、世界の実質金利が均されて、米国だけが極端に低い状況は解消されるはずだという考えである。

　こうしたサマーズvs.バーナンキ論争は話題を呼んだが、筆者程度の知見では、両碩学の意見のどちらに軍配を上げるのも僭越である。

　しかし、筆者の守備範囲であるチャートの分野や黄金分割の考え方からすると、圧倒的にサマーズの長期停滞説に分がある論争である。

　そうした長期停滞経済の中で無理やりにＱＥで景気を盛り上げようとしたバーナンキは、引き続き自己弁護を余儀なくされることになろう。

米国の長期停滞を示唆する金利のリズム

ソロモン・ブラザーズの債券市場研究者だったシドニー・ホーマーの『A History of Interest Rate』から、米国の長期金利の趨勢を俯瞰すると、長期的な金利の波動の規則性が浮かび上がってくる。

1798年以降の金利の天底の推移を時系列で示すと、以下のとおりとなる。

A　1798年　7・56％（天）
B　1861年　6・45％（天）
C　1901年　1・98％（底）
D　1920年　5・67％（天）
E　1941年　1・85％（底）
F　1981年　15・8％（天）

米国長期金利の規則性

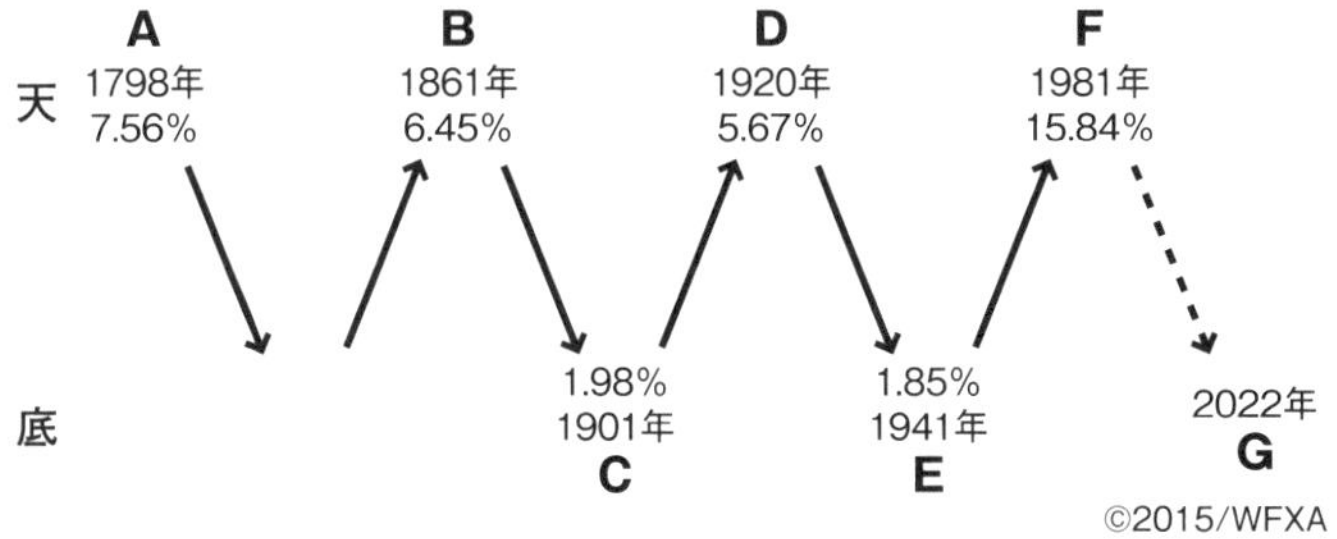

以上から法則性を取り出すと、まず利回りの天井がA、B、D、Fすなわち１７９８年、１８６１年、１９２０年、１９８１年でほぼ規則的に60年ごとに金利のピークを迎えていることがわかる。

米国のインフレのピークは１９８０年代初頭であったが、次は２０４０年あたりにそのインフレのピークが来ることが容易に予想できる。

もうひとつの法則はB→Cの40年間の一方方向の金利下げだ。C→Eの底から底への40年のサイクル、E→Fの40年間の一方方向の金利上げでうかがわれる、40年サイクルの存在である。

この40年サイクルは、基本的には40年間一方方向に動くが、C→Eの40年間のサイクルには、途中に60年のインフレサイクルDが介在したため一方方向にはならず、底から底への40年サイクルとなった。

Ｆ１９８１年は、上記の60年間のインフレサイクルと、40年間の金利ピーク・ボトムのサイクルが、前回ミートしたＢ１８６１年（南北戦争）からの60年と40年の最小公倍数である１２０年目の１９８１年ということで、いわゆるダブルワミー（double whammy ２重にケチがつく）となり、15％という未曽有の高金利を示現した。

また１９８１年からのインフレサイクルのピークは２０４０年まで当分来ないことから、１９８１年からの40年間、すなわち２０２２年まで金利はひたすら低下するという流れが容易に予想されるのである。

現実には、２０１２年７月にすでに最低金利１・38％を記録して、従来の記録１９４１年の１・85％を大幅に下回る水準を示現している。

その後、ＦＲＢの量的金融緩和の段階的解消（テーパリング）の発表を受けて、２０１４年１月に３％まで金利が反騰したが、その後２０１５年１月に１・64％まで低下、２０１５年夏の段階では２・１〜２・３％のレベルで上下している。マーケットでは、ここからＦＲＢの短期金利上げを受けて、長期金利が大幅に上昇するという見方が支配的である。

40年のサイクルとは黄金分割における、今まで数々の相場の転換点を規定してきた40年半にあたる。黄金分割の最重要ナンバー162（年、四半期、月、週、日）年の4分の1が40年半である。この40年半は162四半期でもある。

ということで、1981年9月の15・84％の長期金利ピーク（財務省証券10年物利回り）から40年半をプロット（図を描く）すると、2022年3月という日柄が導かれる。

黄金分割でみれば、2022年までは金利下げ圧力が継続し、デフレ局面が続くというのが、筆者の米国経済に対する見方である。

もうひとつ重要な事項は、すでに原油の昇落はデフレの始まりということで申し上げているが、この原油の暴落が始まった〝日柄〟が大事なのである。

2014年6月に原油（WTI、ウェスト　テキサス・インターミディエイト）107ドルの高値から急落を開始、7ヵ月連続で陰線を引き、15年1月には一気に40ドル台までの暴落をみることになった。

そもそも原油の価格が今日のように高騰するきっかけになったのは、1973年10月の第4次中東戦争の勃発であった。

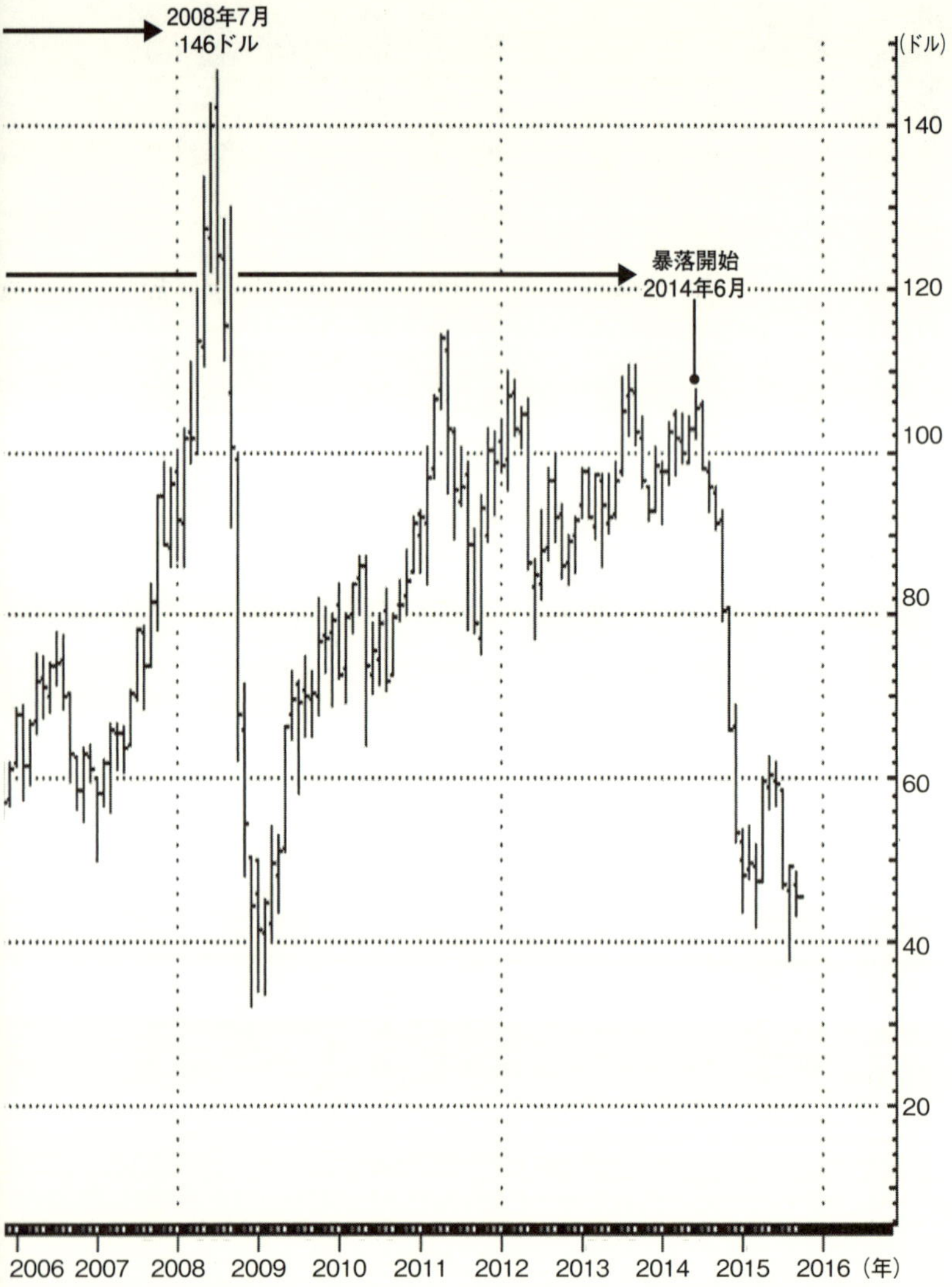
2008年7月
146ドル
(ドル)
140
120
100
80
60
40
20
暴落開始
2014年6月
2006
2007
2008
2009
2010
2011
2012
2013
2014
2015
2016
(年)

原油先物（WTI）月足

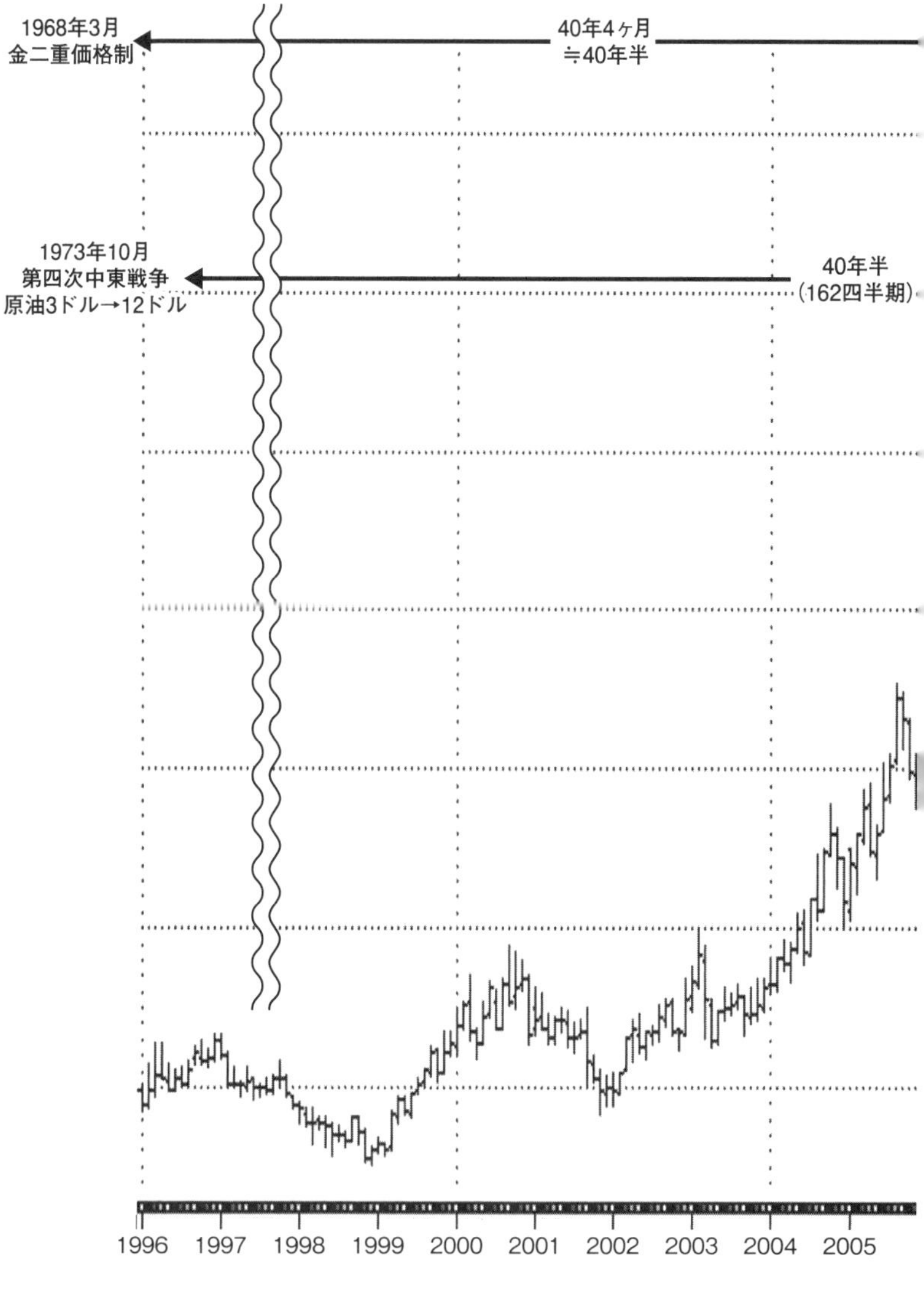
1968年3月
金二重価格制
40年4ヶ月
≒40年半
1973年10月
第四次中東戦争
原油3ドル→12ドル
40年半
(162四半期)
1996
1997
1998
1999
2000
2001
2002
2003
2004
2005

このときに、イスラエルの味方である米国をはじめとする西側諸国に対して、アラブ石油輸出国機構（ＯＡＰＥＣ）が原油の輸出禁止（ＯＩＬ ＥＭＢＡＲＧＯ）を打ち出した。

それがきっかけになって、それまでおおむね１バレル３ドルの原油が急騰し始めたのである。

原点はその急騰の始まりの、１９７３年10月だ。その原点からの40年半、１６２四半期目の最後の月が２０１４年６月であった。その翌月の７月から７ヵ月連続陰線の暴落となったわけである。

原油の最高値はリーマン・ショックの１ヵ月前の２００８年７月の１４６ドルであったが、原点の１９７３年10月からの40年半をもって、原油高値時代に終止符を打ったことになる。

もちろん世界経済にとって最重要のコモディティであるから、相場が上下動することは免れないが、この40年半の日柄で決定的な変革「ＳＥＡ ＣＨＡＮＧＥ」が起こり、原油の高価格時代は終わり、基本的に価格低迷の時代に入ったことになる。

これをデフレ的といわずして何というのか。

40年半の呪縛（黄金分割、黄金律へのいざない）

ここで、筆者が相場解析のためのツールとして利用している、「黄金分割」について簡単な説明をしておこう。

2004年だったと思うが、当時シアトル・マリナーズのイチロー選手が、メジャーリーグのシーズン最多安打記録を更新した。彼の製造した安打数は262本であった。メジャーリーグはレギュラーシーズン162試合であり、彼の安打数は262本であった。

これを見た瞬間に、筆者は「この記録は2度と破られない大記録である」と叫んだ。なぜかと言えば、これは完全に黄金分割のルールで律された記録だからである。162も262も黄金分割で大事な数字である。

このイチローの記録の素晴らしさは、まさに黄金分割の権化ともいえる数字だったからだ。

162試合で毎試合1・62本ずつヒットを打つと、262本という数字が出てくるのである。

これは黄金分割のトリックのひとつである。

この162（正確には161・8）という数字の逆数（10000÷1・618）は62（正確には61・8）である。

もっとも、別に黄金分割の数字が出たからと言って、今後262本以上のヒットを打つメジャー・リーガーが現れる可能性がないということではないが、この黄金分割の美しさに打たれた揚句の戯言である。


この62（61・8）、162（161・8）、262（261・8）という数字はすべて、黄金分割の重要数字である。

この161・8という数字をどうやって導くかは面倒なので割愛するが、この62や162は自然界のあらゆるところでみられる均整の取れた比率として、建築、絵画などに使われている。

62の補数である38は女性の懐妊期間（38週）として黄金分割に律せられている。

テニスの錦織圭は、今や国民的英雄に近いところにいる選手である。2014年のUS

オープン準優勝は、日本国民のテニス人気を一気にかき立てた、メジャー・イベントであった。

だいぶ昔のことであるが、ある人から錦織圭というのは天才的なテニスプレヤーであると聞かされて、当時まだティーンエイジャーだった彼の生い立ちを調べたことがある。

１９８９年12月29日生まれということを発見した時に、すぐに連想したのはこの彼の誕生日は日本株のバブル天井３万８９５７円を付けた、１９８９年12月29日（大納会）と同じ日であるということであった。

つまり彼は、バブル天井の申し子だったのだ。

それ以後、筆者は講演会等で日本株の日柄の話をするときに、錦織選手を引き合いに出して、笑いをとってきた。

日本株がリーマン・ショックで底値６９９４円を見たにもかかわらず、デフレ不況で呻吟して一向に株価が上昇しないときに、これは天井から２６２ヵ月（21年10ヵ月）あたりまで株価は駄目かもしれないと申し上げたことがあった。

そのあたりから日本株が底を放れて上昇し、また錦織選手のキャリアも21歳10ヵ月になれば、一気にテイクオフするのではないかと。

黄金分割とは　GOLDEN RATIO

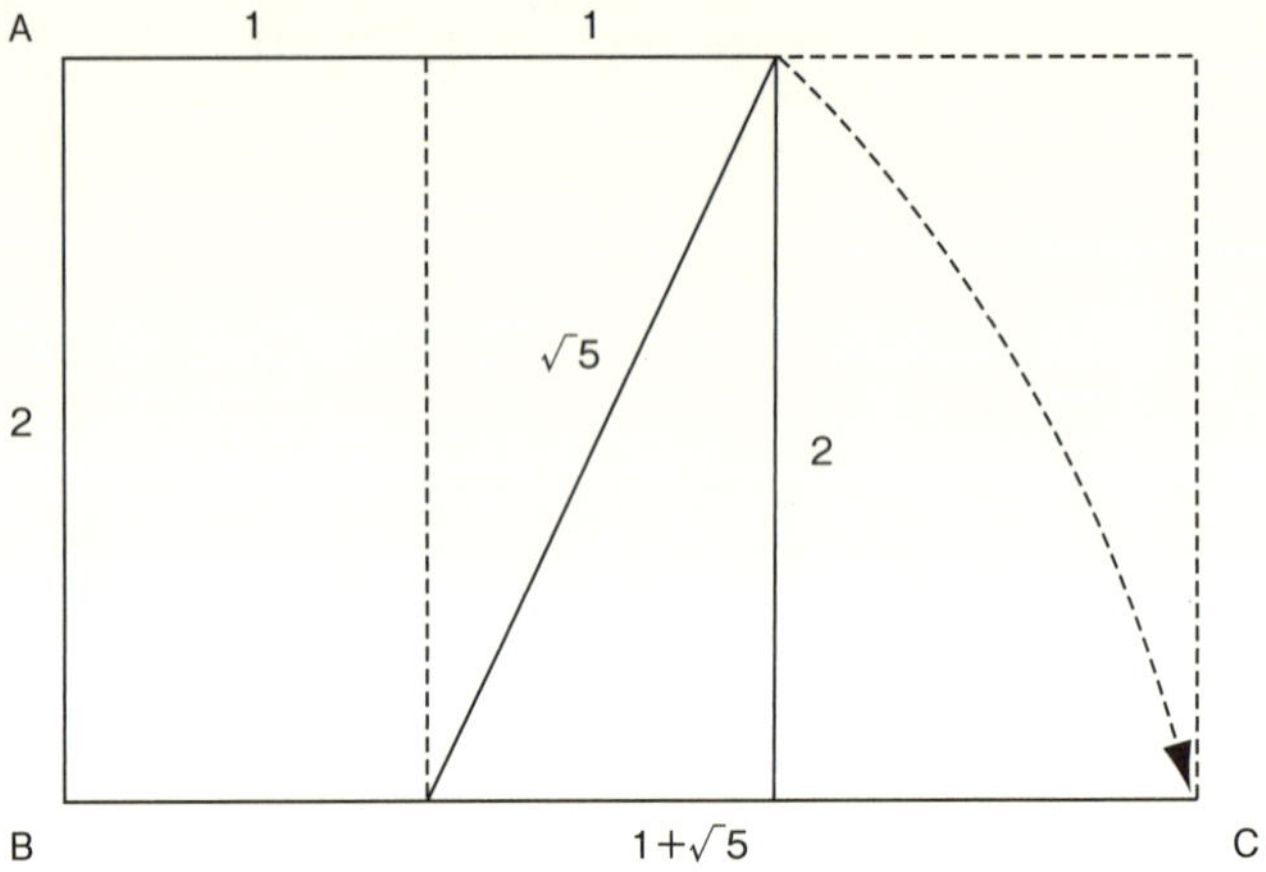

ABとBCの比率が黄金分割（美しい比率）

$$\frac{BC}{AB} = \frac{1+\sqrt{5}}{2} = \frac{1+2.236}{2} = \frac{3.236}{2} = 1.618$$

1.618×1.618=2.618
1.618÷0.618=2.618
1.618×0.618=1.0
2.618×1.618=4.236
2.618+1.618=4.236

INPORTANT NUMBERS

したがって重要数値	62	162	262	424
およびその半分	31	81	131	212

値頃

CA：水平線　CDから72°で上昇する線（スティープなサポート）

CE：水平線　CDから36°で上昇する線（マイナー黄金分割）

ACを垂線に置いた場合のCD：水平線と18°の角度を保って上昇する線（メジャー黄金分割トレンドライン）

TIMING		DAYS	W/KS	M/S	
日柄	CDからA	59日	59周	59カ月	その2倍の118
	CD	38日	38週	38カ月	
	X	26日	26週	26カ月	
	Y	31日	31週	31カ月	
	Z	19日	19週	19カ月	

HEIGHT	
CとAの高さ（値段）	59　2倍の118も重要
CとXの高さ（値段）	36
CとYの高さ（値段）	23
CとZの高さ（値段）	14

ペンタゴン

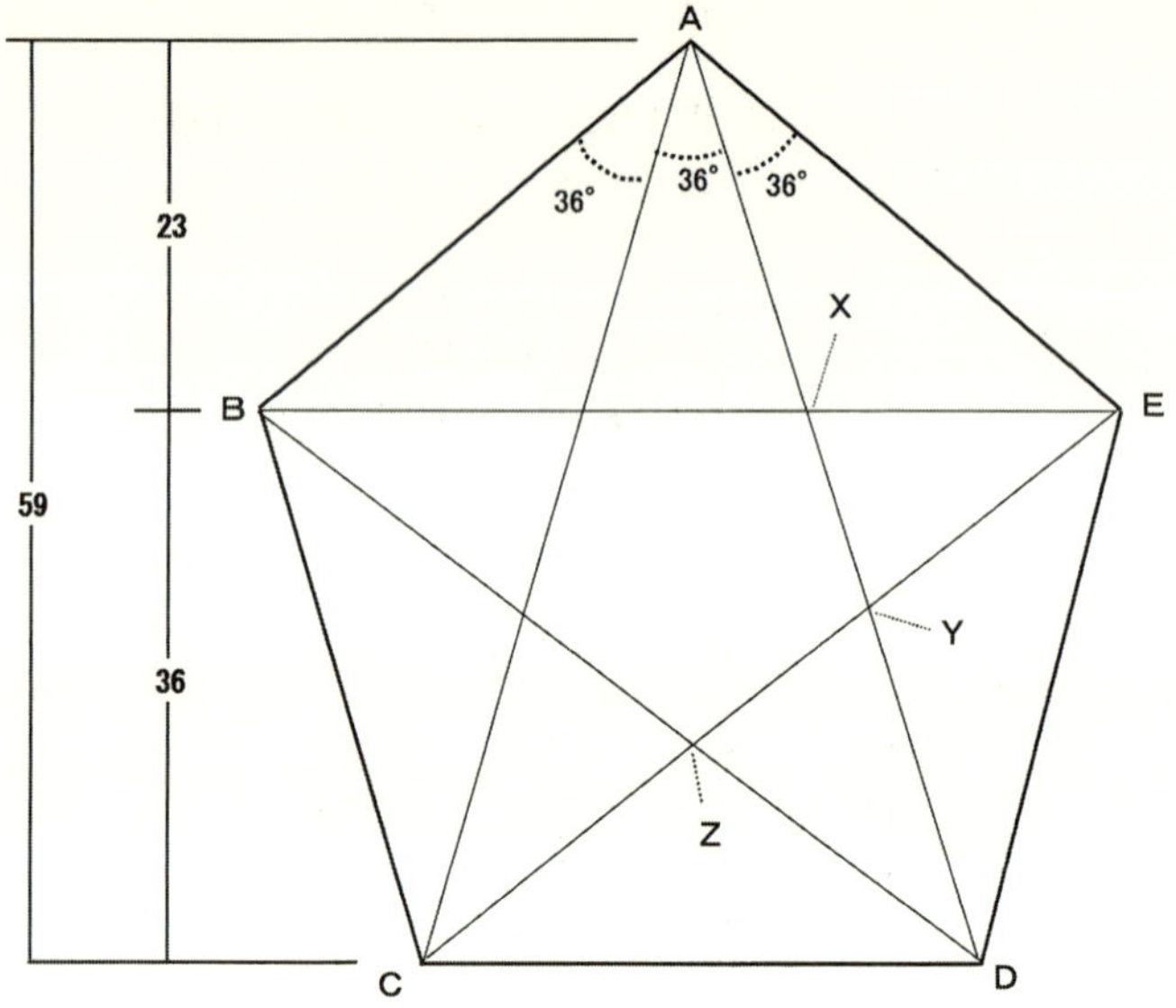

対角線　AC　AD　BD　BE　CE ＝ 61.8
一辺　　AB　BC　CD　DE　EA ＝ 38.2

とくに根拠のある予測ではなかったものの、黄金分割の262ヵ月――21年10ヵ月というのはこの場合、重要日柄であるとの感触を得ていたからだった。

バブル天井から21年10ヵ月を過ぎた2011年11月、日本株は8135円の2番底を付けて上昇に転じ、一時的には2万円超えを達成している。

一方の錦織選手は、22歳になったばかりの、2012年春の全豪オープンで初のメジャー大会準々決勝進出を果たし、世界のメジャープレイヤーの仲間入りを果たすことになった。

「黄金分割の呪縛」が外れた効果だろう？

SEA　CHANGEの日柄としての圧倒的な実績を誇る40年半ルール

戯言はこれくらいにして、経済、相場の流れと黄金分割との関係を振り返ると、これまで講演で「驚異の黄金分割」として紹介したいくつかの事例は、相場が人為ではなく必然（神意）の世界であることを物語っている。

NYダウ四半期足

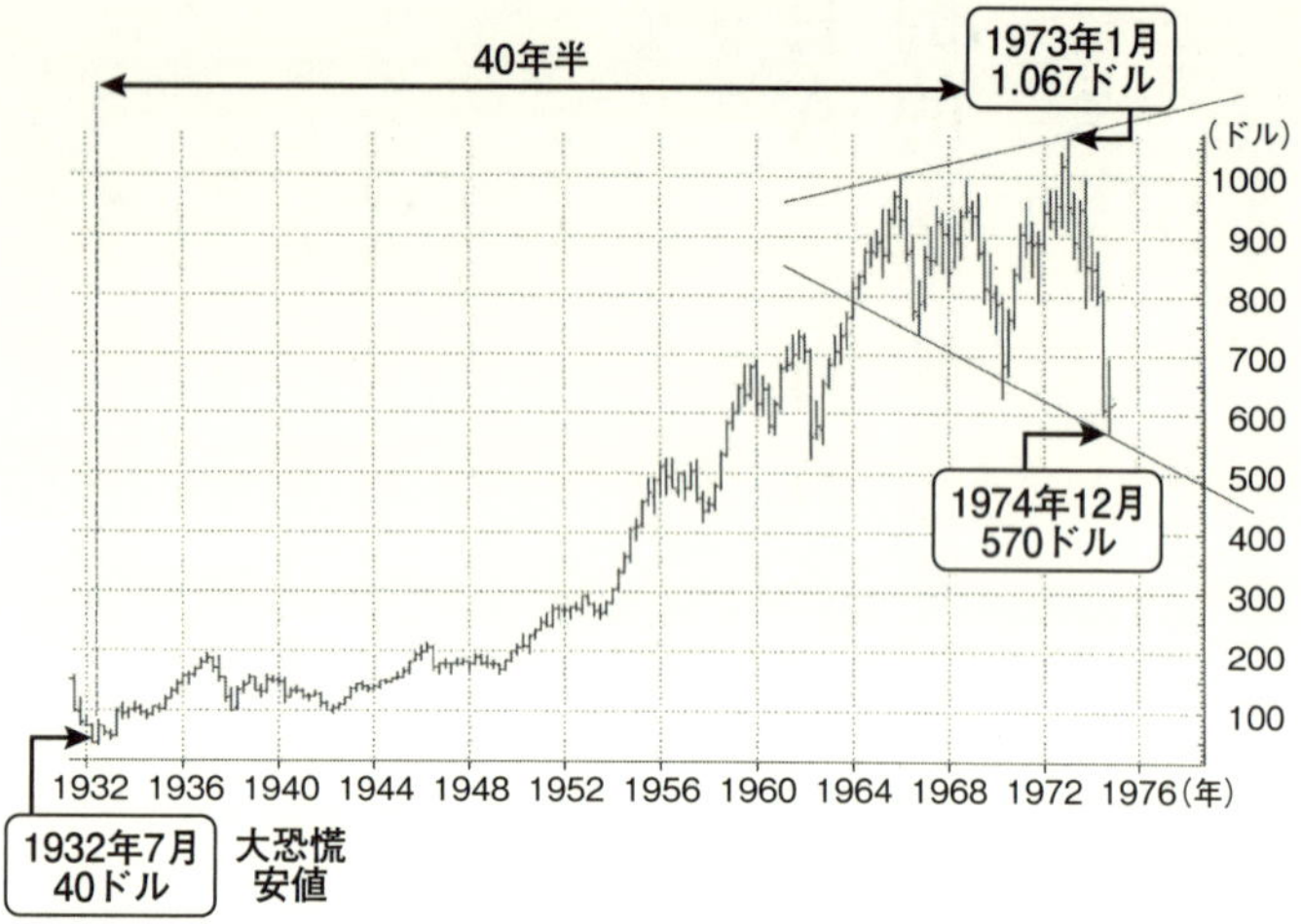

とくに40年半（162年÷4）の日柄は圧倒的な「SEA CHANGE」（根本的な変更）の日柄としての実績を誇っている。そのいくつかを以下に例示する。

①米国株の将来を語っている本節に相応しいものでは、1932年の7月のNYダウの40ドルの大恐慌安値からのブルマーケットが、40年半後の1973年1月に1067ドルで天井を付けた動きである。

1930年代から始まったリベラル・アジェンダによる、ケインズ流経済政策、大きい政府の時代が、時代とともに当初の成功から次第に諸矛盾を露呈し始めた。徐々に時代に適応できなくなったアジェンダの

日経225四半期足

終焉を40年半の日柄で天井を打った株価が確認した事件であった。「SEA CHANGE」の日柄である。

1973年1月の天井1067ドルから株価は暴落し、1年11カ月後の1974年12月の570ドルまで46・5%の大暴落であった。

その後、株価は低迷し、レーガン・アジェンダが登場してくる1982年夏に3番底770ドルをみて初めて立ち上がり、1983年1月にようやく1973年の1067ドルの高値を更新した。

②第2次大戦後、東京証券取引所が再開したのは昭和24年（1949年）5月であ

った。戦後の日本経済の復興、繁栄を映して上昇、80年代にはバブルに踊る中で株価はバブル頂点3万8957円を1989年12月に記録した。40年7ヵ月の繁栄から、一気に失われた20年に移る巨大な「SEA CHANGE」の記念碑であった。

③1971年8月、インフレと国際収支の赤字に悩んだ米国は、ニクソン大統領がドルと金の兌換停止を発表した。ドルが金との結びつきを放れ紙切れになった。いわゆるニクソン・ショックである。その2週間後、日本は360円の固定相場を放棄し、一時的に変動相場制に移行した。その後の歴史はひたすら円高の流れであった。

筆者は40年半の日柄からみて、2012年2月が円高のピークであると予想した。相場は74円とみたが、現実には2011年10月31日の75円53銭が円の最高値であった。

黄金分割的にいえば、1949年4月の1ドル360円の決定からの62年目(これも上述のごとく重要数字)に、相場の神様がこだわったのだろう。

ニクソン・ショックから40年半である2012年2月の日柄は、ドルの2番底76円をみた日柄であった。約3ヵ月のタイミングのずれであった。これも戦後一貫して円高を経験してきた日本経済の巨大な転換点であり、40年半の日柄の〝怖さ〟を痛感した。今日相場

ユーロ/ドル四半期足

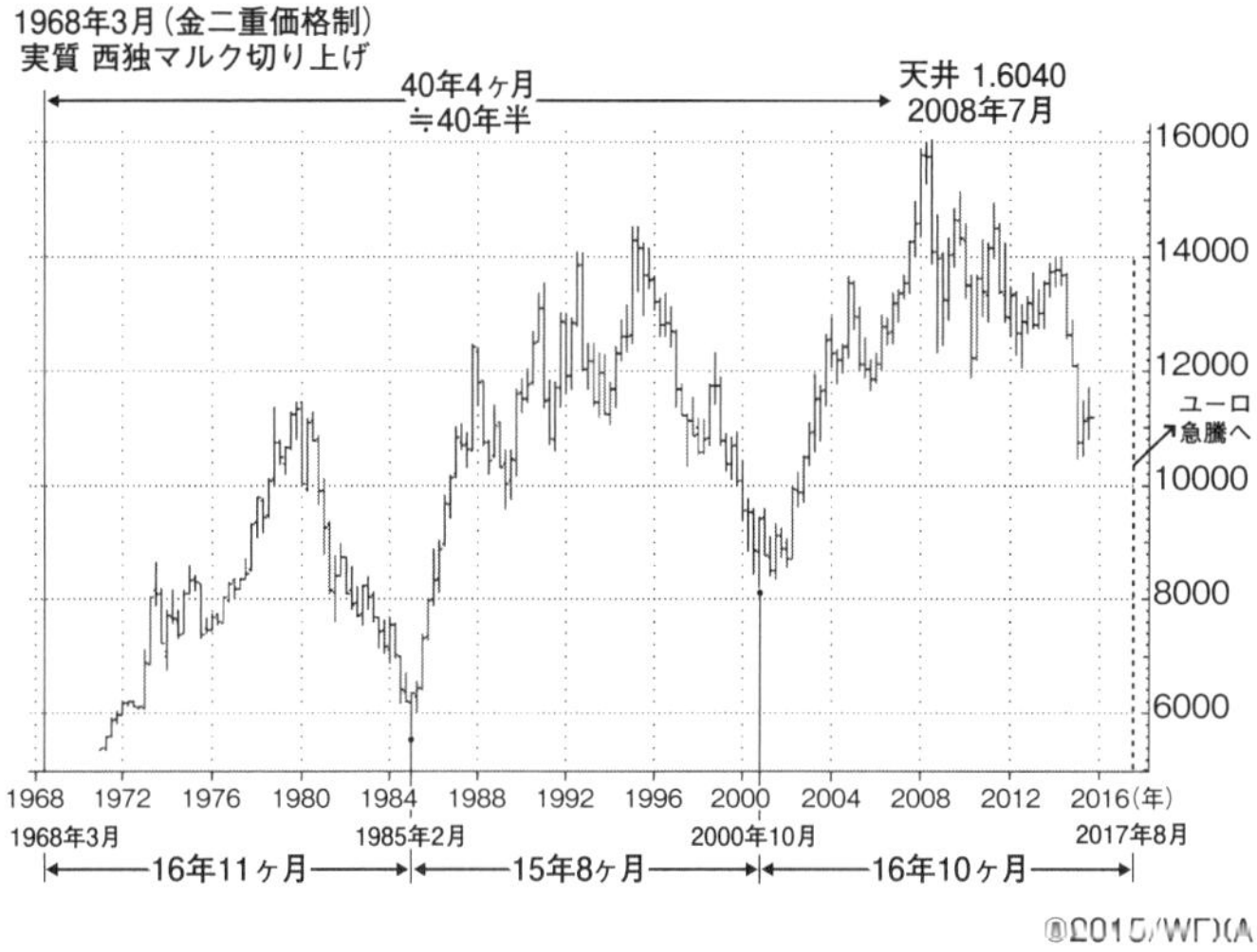

は１２５円である。

④１９６８年３月公定金価格の１オンス35ドルのキープが難しくなった西側諸国は、金の２重価格制を打ち出した。公定価格は35ドルだが、民間の市場取引は自由という制度である。これにより、欧州通貨は実質切り上げの状況に追い込まれた。

その40年５ヵ月後の２００８年７月、ユーロは対ドル最高値の１・６０４０を付けた。その後ユーロは、ユーロ危機もあって大幅に下げ、２０１５年４月には、１・04まで急落している。

⑤すでに原油暴落の欄で申し上げたが、

1973年10月からの原油急騰がその後の世界の形を大きく変えた。そこから40年半（162四半期）のぎりぎり前の2014年6月、107ドルの高値を維持していた原油が7月から急落を開始、一気に40ドル台までの下落をみている（126～127ページジチャート参照）。

この原油急落の世界経済、政治に与える影響は計り知れない。巨大な「SEA CHANGE」である。

以上のごとく、黄金分割のルール、なかでも40年半のルールには十分の注意を払う必要がある。

2015年夏に頂点をみた米国株価

米国経済の低迷が2022年まで継続するCompelling Background（圧倒的に説得力のある背景）を金利のリズムで解析したが、米国経済が長期の低迷に陥る前に、この馬鹿げたQEバブルが破裂する必要がある。

今度のＱＥバブル破裂は、第1章の「前回のパラダイム・シフトを分析する」で申し上げたのと、基本は同じことである。

ただ前回は、リベラル・アジェンダからレーガン・アジェンダへのパラダイム・シフトだったのが、今度は時代遅れになったレーガン・アジェンダから未知の次のアジェンダへとシフトする産みの苦しみの時代に入るということになる。

前回の１９７３年の1月の天井に匹敵する、レーガン・アジェンダの株価での最終到着点（米国株価の天井）はいつ来るのか。それしもすでに来てしまったのか。

２０１５年夏が、その株価の頂点であった。もうすでに頂点はみた。

前項の例示①で解説したように、大恐慌による株価の大底40ドルは、１９３２年7月に付けている。そのポイントからの40年半後である１９７３年1月が、リベラル・アジェンダを機関車とする株価の最高到達点であった。

その後株価が大崩壊して、１９７４年12月にはＮＹダウでは46％の大暴落の底をみた。ちょうど、１９３２年7月の大底に当たる日柄が１９７４年12月であった。

その後、大インフレの鎮静化を経て、レーガン・アジェンダが機関車として株価を引っ張り上げたが、２０１５年に入って、明らかに息切れとなった。

大相場の終わりの慣例にしたがって、1974年12月の大底からの40年半後は、2015年6月であった。40年半を四半期でみると、162四半期である。それは2015年4～6月期ということになる。

1937年株価大暴落の原因となった財政緊縮政策と重なるFRBの利上げ

米国株価はいつ高値を付けていたのか。

NYダウは2015年5月19日の1万8351ドル、S&P500では5月20日の2134、ナスダック総合では7月20日の5231が高値となっている。

これらの3大株式指数のいずれもが、この40年半の日柄に高値を付けている。

このうちナスダックは、1974年には発足していないので、40年半の日柄に該当しないが、2000年3月（第1四半期）のITバブル頂点からの、62四半期（15年と2四半期）目である2015年第3四半期（7～9月）に高値を付けている（144～145ページチャート参照）。

もちろんこの日柄はNYダウもS&P500も同じで、2000年の1月と3月にそれぞれITバブル天井を付けている。したがって、この7〜9月はそれぞれの天井からの62四半期目（62は「40年半の呪縛」の項で述べた重要黄金分割数62、162、262）である。

さらにもうひとつレインフォース（援軍）を付け加えると、住宅バブルの株価頂点は、3大指数のいずれも2007年10月に示現している。

この2007年10月（第4四半期）は、2000年第1四半期のITバブル天井からの31四半期目（7年と3四半期）となっている。31というのは62の半分でこれも重要数字である。

ITバブルの頂点から、次の住宅バブルの頂点まで、31四半期の時間が経過した。その住宅バブルの頂点、2007年10月からの31四半期目が2015年第3四半期となっている。

まさに、すでに5月で40年半の呪縛を外れた、NYダウもS&P500も、この第3四半期から本格的に下落に転じるということを示唆している。

この31四半期というのは、大恐慌安値を挟むNYダウの、二つの高値のインタバルにおいても示現している、頻出の日柄である。

ITバブル頂点
2000年
第1四半期
5.132
62四半期
QEバブル頂点
2015年第3四半期
5.231
31四半期
2007年
第4四半期
31四半期
5000
4500
4000
3500
3000
2500
2000
1500
1000
500
2000
2004
2008
2012
2016
(年)
©2015/WFXA

NASDAQ四半期足

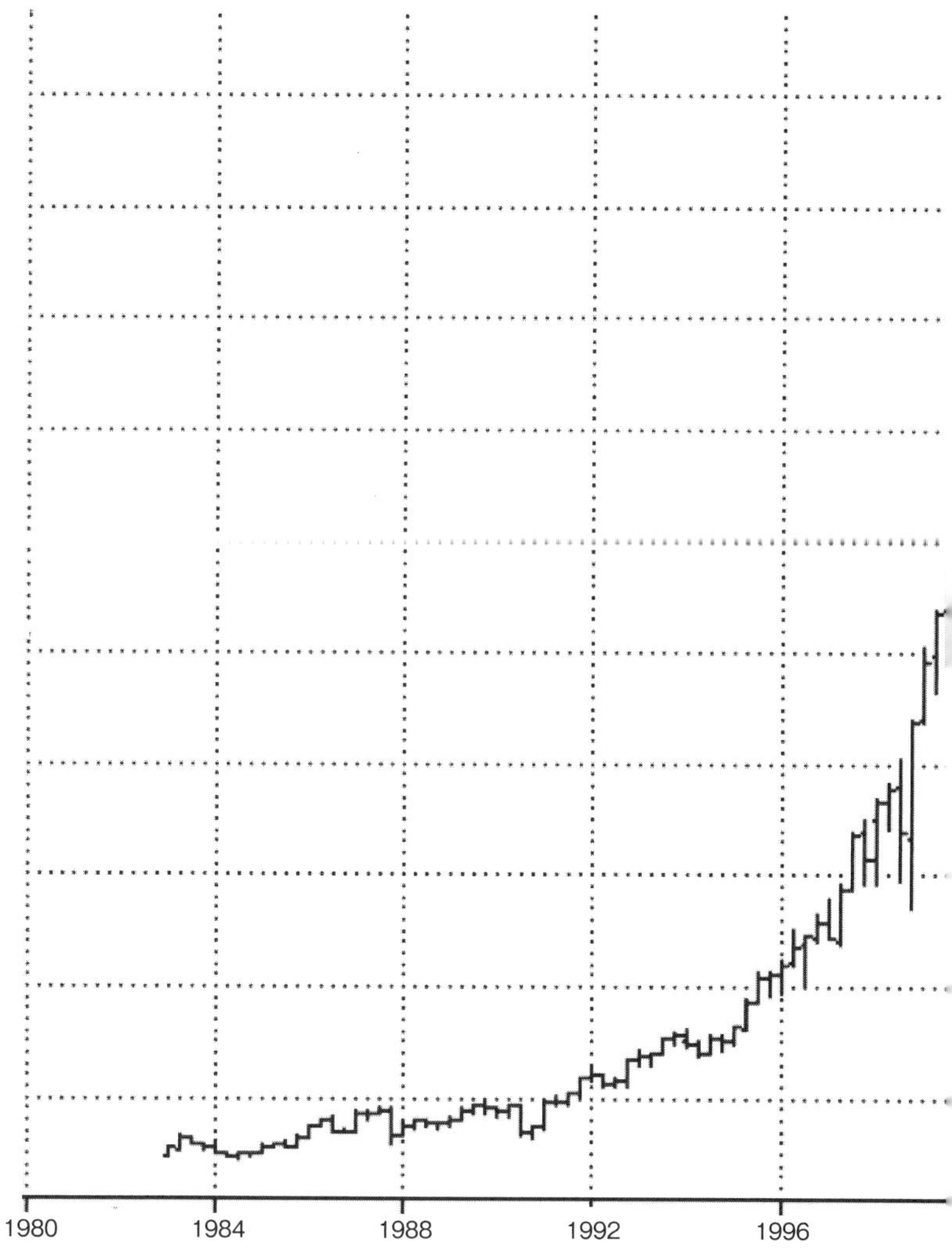

すなわち、1929年9月の頂点386ドルからバブル破裂の底40ドルを経て、1937年3月に195ドルまで株価が戻る（この場合、30四半期）。

この1937年の出来事は、非常に興味深い。株価が大幅に戻したので、連邦政府は安心して、それまでの優遇税制を廃止するなど、財政緊縮政策に入った。その結果、翌年3月には97ドルへと50％の大暴落を示すのである。

まさにそれと同じタイミングの前回高値、2007年10月からの30～31四半期目の今、金融正常化と称して短期金利上げに入ろうとするFRBのウィズダム（知性）を問うのは、筆者だけではないだろう。

イニシアル・ショックの底は来年から2017年第1四半期に訪れる

それでは2015年夏に崩壊を始めた米国株は、いったいどのような軌跡をたどり、いつまで下落するのか。

前回のリベラル・アジェンダ終焉のサインの株価崩落時は、1973年1月のNYダウ

１０６７ドルから１９７４年12月の５７０ドルまで、約23ヵ月の時間をかけ、46％の下落を演じた。

ＮＹダウは、ブルーチップと呼ばれるエリートカンパニー30社のインデックスだが、よりブロードベース５００社の株価平均インデックスであるＳ＆Ｐ５００でみると、１９７３年１月の天井１２１から１９７４年10月の61の底値までちょうど50％の下落を、21ヵ月かけて演出したのがイニシアル・ショック（大恐慌安値）であった。

これを大恐慌の底からの上げ幅の調整率でみると、Ｓ＆Ｐ５００の大恐慌安値は４・40であり、１９７３年１月の高値は１２１・７。この上げ幅１１７・３の半値戻しは63あたりなので、40年かけて上げたブルマーケットの値幅の50％を、19～22ヵ月で調整したという形である。

今回は１９７４年10月の底値61から、２０１５年５月の高値２１３４までの上げ幅の50％戻しだと、１０９７という計算値が導かれる。天井２１３４からの48％の下落である。

ＮＹダウで同じことをやると、上げ幅の半値戻しは９４６０ドルとなる。

そのイニシアル・ショックの底は、おそらく２０１６年第４四半期から２０１７年第１四半期の間になるのではないかと思われる。

というのは、２００７年10月の住宅バブル天井の31四半期目から本格的な下落を始めた米国株式の次の日柄は、黄金分割の常識では36四半期（9年）であるので、２０１６年第４四半期までは下げが続くとみるのが妥当だろう。

その２０１６年第４四半期は、住宅バブル崩壊後底値のＮＹダウ６４６９ドル（Ｓ＆Ｐ６６６）を示現した２００９年３月からの31四半期（7年と3四半期）目でもあるからだ。

ここで１３６ページのチャートを振り返ってみると、１９７３年１月にＮＹダウ１０６７ドルで天井を付けた後、その年の10月に石油ショックが勃発した。20％（８４５ドル）の調整後、戻り足を強めていたときに、さらに石油ショックという強烈なインフレショックに見舞われ、10月の戻り高値９９７ドルから５７０ドルまで１年間で、さらに42％の下落を見たのである。

それを今のわれわれの相場にアプライ（適用）してみると、米国株価は２０１５年12月までの、おとなしい下落で10～20％の下落に止まるように見せて、参加者を一安心させた後、２０１６年第１四半期（２０１６年1～3月）にインフレ時の石油ショックに匹敵する強烈なデフレ波に襲われることになる（１４４～１４５ページチャート参照）。

その結果、株式相場は、今度は20％のスレッショルド（重要な限界点）を超えて暴落に転じるということが考えられる。これがパラダイム・シフト時の株式相場のイニシアル・パフォーマンスとなるのではないか。

イニシアル・ショック第2弾の引き金を引く大デフレ波がやってくる

「長期金利138四半期目から新たなデフレ波襲来」というシナリオを思いついて、念のために米国長期金利の日柄をチェックすると、たしかに2016年第1四半期はどうも危険な時間帯であることがわかった。

1981年9月に15・84％で利回り最高値を付けた財務省証券10年物の近過去を振り返ると、ユーロ危機第2弾が深刻化した2012年7月に1・38％の金利安値を付けている。この1・38％は、それまでの記録であった1941年の1・85％を下回る金利の安値更新であった。

四半期でみると、124四半期目（31年目）であった。124は62の重要黄金分割数字

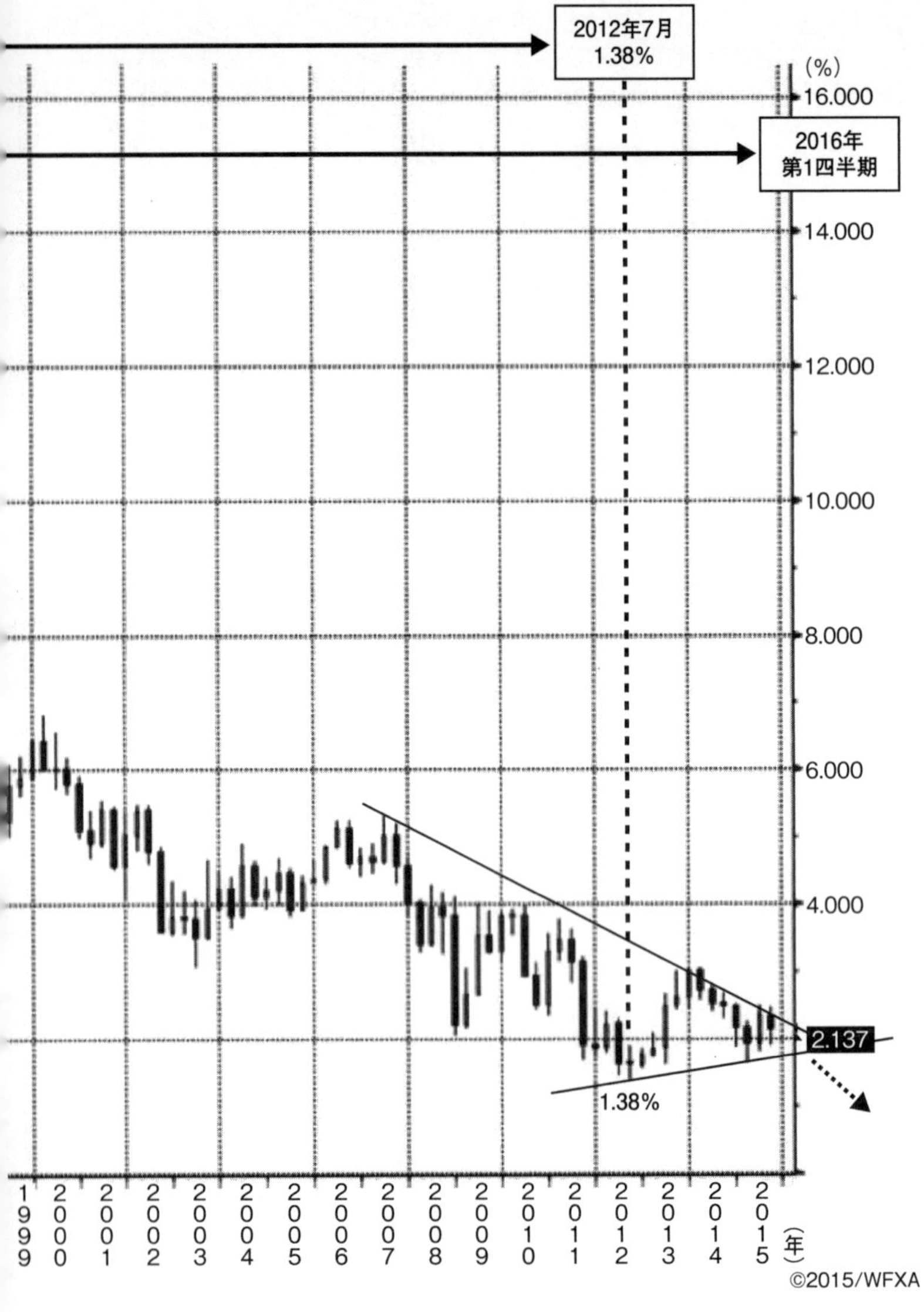
2012年7月
1.38%
(%)
16.000
2016年
第1四半期
14.000
12.000
10.000
8.000
6.000
4.000
2.137
1.38%
1999
2000
2001
2002
2003
2004
2005
2006
2007
2008
2009
2010
2011
2012
2013
2014
2015
(年)
©2015/WFXA

米国10年債利回り（四半期足）

の2倍である。ちょうど金利の絶頂期からの124四半期（62×2）の日柄で、金利の低下は止まった。

低下は止まったが、その後は戻りの2014年1月3％までの金利反発はあったが、決して市場筋の予想した金利急騰とはならず、基本的には2・5％以下の水準で推移し、横這っている。

2015年1月には1・64％まで下がる場面があったが、再び反発した。2015年6～7月には、FRBが短期金利上げの大キャンペーンを張り、労働市場において良い数字が出たが2・5％までしか上昇せず、その後8月に入っては2・1～2・2％のレベルで推移している。

要は高値は下がり、安値は上がるという形で、相場がだんだん煮詰まってきているわけだ。

チャートパターンから行けばどこかで、その三角保ち合いを突破して金利が急騰あるいは急落となることになるのだが、これだけの大キャンペーンにもかかわらず、金利が一向に上がらないところをみると、次の大きな波はデフレ波、すなわち〝金利低下〟の波であることが容易に想像できる。

この長期金利の日柄は2012年7月が大天井、1981年9月からの124四半期目に金利下げ止まりとなったと申し上げたが、その後の保ち合い相場の終わるタイミングは、黄金分割でみると138四半期（34年半）が有力候補である。この138は、もちろん黄金分割の重要数字である。

この数字の由縁を申し上げるよりも、138四半期の実例を挙げたほうがよいだろう。138四半期は原油の1973年第4四半期のオイルショックの始まりから、2008年第3四半期（1ヵ月過ぎている）の7月の原油の天井146ドルを記録するに要した時間である。146ドルの史上最高値を付けた7月から同年12月には、32ドルまで下げた暴落はまさしく記録的なデフレ波であった。

124四半期で記録を付けた長期金利はその後、記録更新ならなかった。その代わり、138四半期目から再び記録更新のトライに向かうような強烈なデフレ波が、2016年第1四半期あるいは第2四半期にやってくることを示している。

それはいったい何であるのか。

650兆ドルといわれる（2015年時点）、世界のデリバティブの取り組みがカウンターパーティ・リスク（デリバティブ取引の相手方カウンターパーティが契約満期前に経営面で行

世界のデリバティブ残高

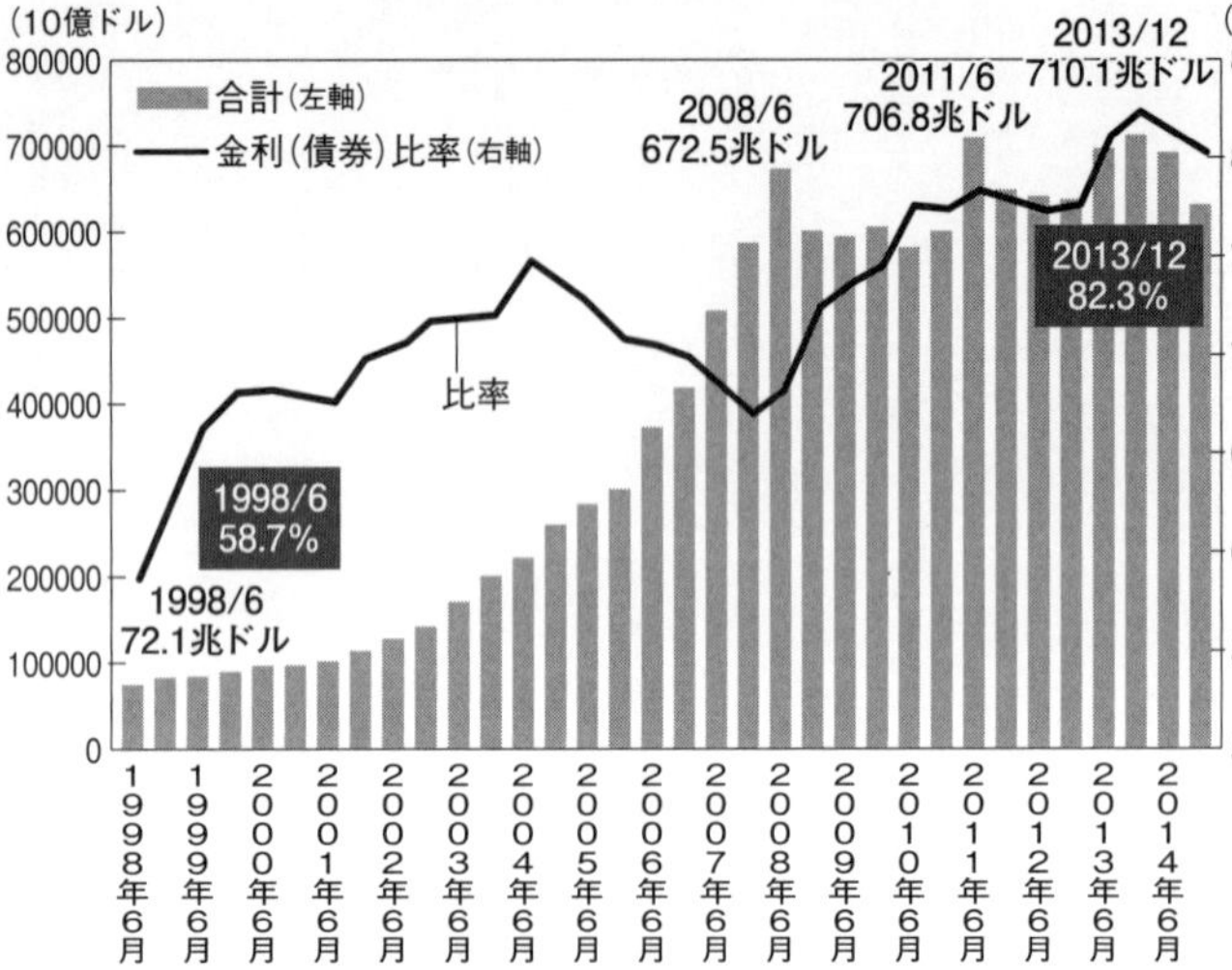

出典：BIS資料

き詰まり、契約上定められた支払いが履行されないリスクのこと）の顕在化でメルトダウンする「究極のシステミック・リスク」など大災害はどこにでもあり得る。

つまり、イニシアル・ショックの第2弾の引き金を引く大デフレ波が、前回のパラダイム・シフトのときの原油暴騰によるインフレショックの例のように、天井示現から8~9ヵ月後にやってくることを考えておく必要があろう。

なぜなら、今始まりつつある株式相場の崩壊は、単なる普通の調整ではなく、40年半という日柄を踏んだ「SEA CHANGE」となるはずだからである。

10~20%の下落でいったん相場が戻り

始めたとき、これで調整が終わったと思わないことが肝要である。それは、イニシアル・ショックの第1弾が終わったに過ぎないからだ。

もっと大きな下げ、40～50％の下落が起これば、イニシアル・ショックが終わることになる。

しかし、それでもイニシアル・ショックが終わるだけで、長期ベアマーケットは延々と続く。2023～2024年に向けての8～9年にわたるストラグル（闘争）による日柄調整の後、やっと米国経済は新しいフッティング（足元）に立って、前進し始めるのである。

15年間で3つのバブルを経験してきた米国の異常

40～50％の株価の調整は、ひとつの時代の〝終焉〟を意味する。

2000年代に入っての米国は、まず2000年のITバブルの破裂による株価下落を経験した。NYダウで38％、ナスダックで78％も下げた。さらに2007年の住宅バブル破裂の際は、NYダウ54％、ナスダック55％と、2000年代の初めの10年間に2回のバブル破裂を経験した。

この株価の調整はいずれも40〜50％におよび、ひとつの時代の終焉を画するにふさわしい下落であった。

その時代を画するバブル（ＩＴバブル２０００年）が破裂後たった7年目で次の住宅バブルの頂点まででくるというのは、それ自体きわめて〝異常〟な状況と言わざるを得ない。このときの株価の上昇率（ＩＴバブル破裂底値から住宅バブル天井）は、ＮＹダウ１・97倍、ナスダック２・58倍であった。

その異常な事態を演出したうえに、さらにその8年後の２０１５年に向けて株価が3倍になるような（ＮＹダウ２・８倍、ナスダック４・１倍）バブルを膨らませたＱＥは、まさに天人ともに許さざる暴挙である。

ひとつでも時代を画するようなバブルを、米国はこの15年間で３つもやった。人間というのは異常な環境に長くいると、それが当たり前のように慣らされてしまう。

異常な事態がこの15年間も続いている。まるで人々はこれが常態のようにとらえて、景気が良くなれば株価が上がるのは当たり前と考えている。

ところが、相場としての株価の上昇には限度がある。株価が景気の関数であり続けるこ

NY証券信用取引残高とS&P500（1986年1月～2014年6月）

とはできない。その最後のステージは、景気は比較的良いが、株価が上昇しなくなる。まさに2015年夏の現象である。

というのは、ここまでの株価上昇には、多くの景気以外の要素が複合的に絡み合って到達したものであるからだ。

例えば、2004年以降の自社株買いは7兆ドルに達するといわれている。

あるいは、2015年6月現在でNY証券取引所のマージン残高は5000億ドルに達しているといった事実である。

そうした景気以外の内部取り組みが限界に達すれば、株価は上昇を止める。そうすると、今度は景気が株価の関数になるのである。

まさにそういう〝臨界点〟に2015年夏、

米国経済は到達した。株価の下落が景気の軟調をインデュース（誘発）する、いわゆる尻尾が犬を振り回すところまで来ている。

そこで、株価は前記のイニシアル・ショックによる調整をみることになる。

イニシアル・ショックはおそらく2016年第4四半期か2017年第1四半期までの下落となろう。この下落は、QEバブル破裂の決算である。しかし、株価の調整ではせいぜい落ちても50％あたりが限界だろう。

筆者の解釈である、今度の調整は、パラダイム・シフトのための調整という考え方でいくと、株価の50％の下落だけでは到底〝不十分〟である。

1970年代から1980年代にかけての、リベラル・アジェンダからレーガン・アジェンダへのパラダイム・シフトには、50％の株価下落のイニシアル・ショックに加えて、7～8年の株価低迷がフォローした。

1974年第4四半期の株価底打ちから、次のブルマーケットのスタート1982年第3四半期まで31四半期（7年と3四半期）かかっている。つまり株価下落のX軸調整と、時間軸で来るY軸調整のコンビネーションが、パラダイム・シフトには必要である。

その時間軸によるY軸調整が、ここで申し上げるサブシクエント・ベア・マーケット（その後のベア・マーケット）である。

回避できない米国のリセッション突入

哲学的にみて、パラダイム・シフトには長い調整が必要というのは、やや説得力に欠ける議論なので、今入りつつある次の危機への対応力が、きわめて脆弱になっている様子を見てみよう。

いかに積年のレーガン・アジェンダにより、制度疲労が蓄積しているか、それにより次に来る危機に立ち向かう武器弾薬が不足しているかを見てみると、以下のようになる。

①金融政策でみると、161ページの上の図のように基本的には短期金利を下げることにより、リセッション（景気後退）からの脱却を図るのが常道であった。レーガン大統領が就任したときの金利は何と14%であったから、その後の3回のリセッションでは、金融政策でマニューバー（駆け引き）する余地が十分あった。だが、今回は4回目のリセッシ

ョンであるリーマン・ショックで、金利がゼロに張り付いたまま、５回目のリセッションに入ろうとしている。

これ以上の金利下げは、リセッション対策としてはあり得ない。

バーナンキＦＲＢ前議長は、次の景気降下時のツール（道具）について、まったくやり方がないわけではないとして、マイナス金利の導入などを検討する可能性を示唆している。

しかし、すでにマイナス金利は欧州中央銀行（ＥＣＢ）で実施しているが、それ自体が効果を発揮しているとは言い難い。

マイナス金利になると、現金退蔵が増える。まさにデフレ的な現象が自己強化プロセスに入る形である。

現に欧州も斉整とデフレに向かって進行中である。

②金利政策は右記のごとく、きわめて限られた余地しか残されていない。

それでは、２０１４年10月に停止した量的金融緩和（ＱＥ）の再開はどうか。これ自体は技術的には可能である。問題はＭＢＳ（住宅担保証券）は別として、ＦＲＢが国債買い入れを増やすと、すでに技術的に発行金額が減額しているマーケットをさらにタイトにし

金利の変更はどれくらい効果的か？

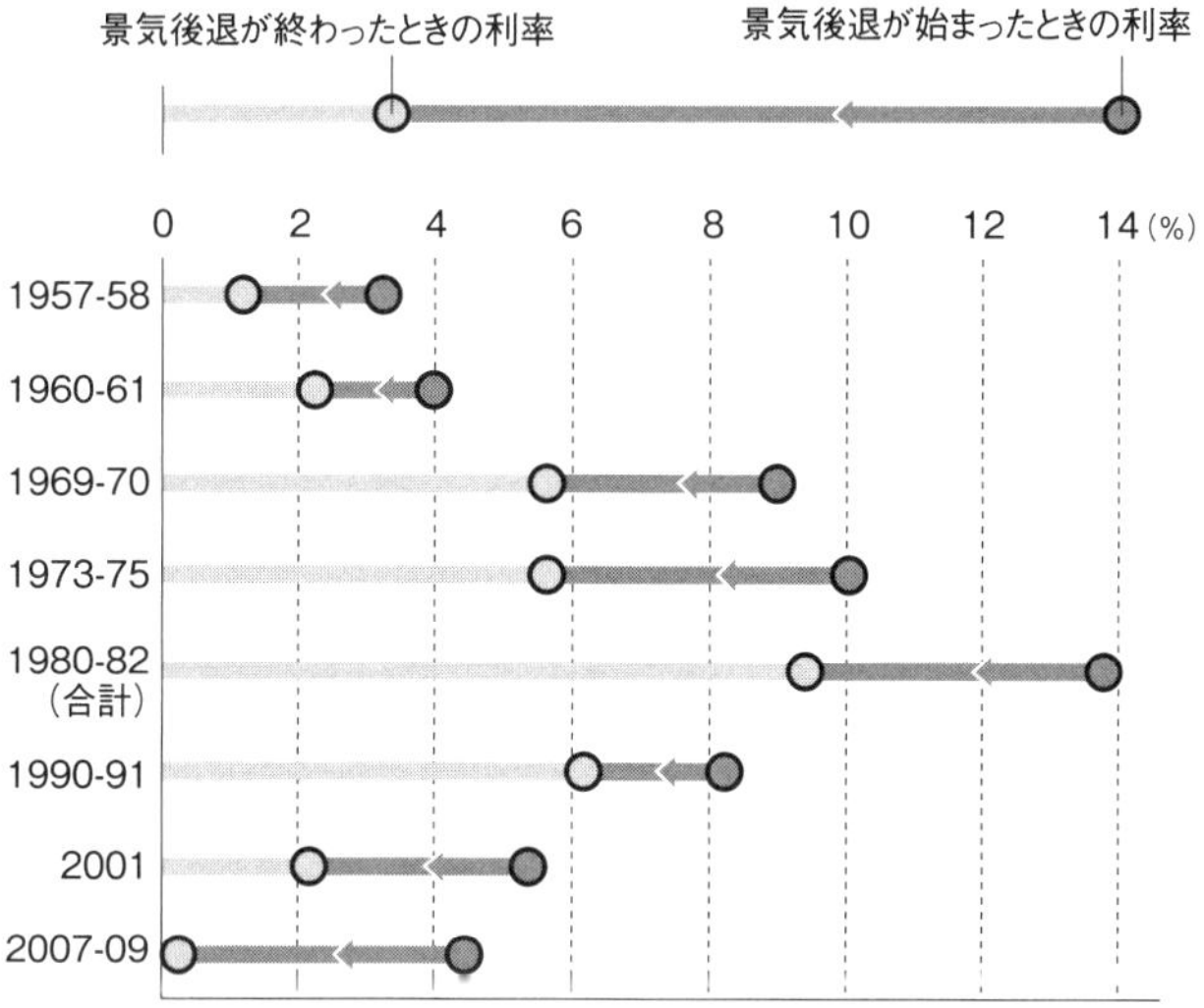

FRBが所有する総資産の推移

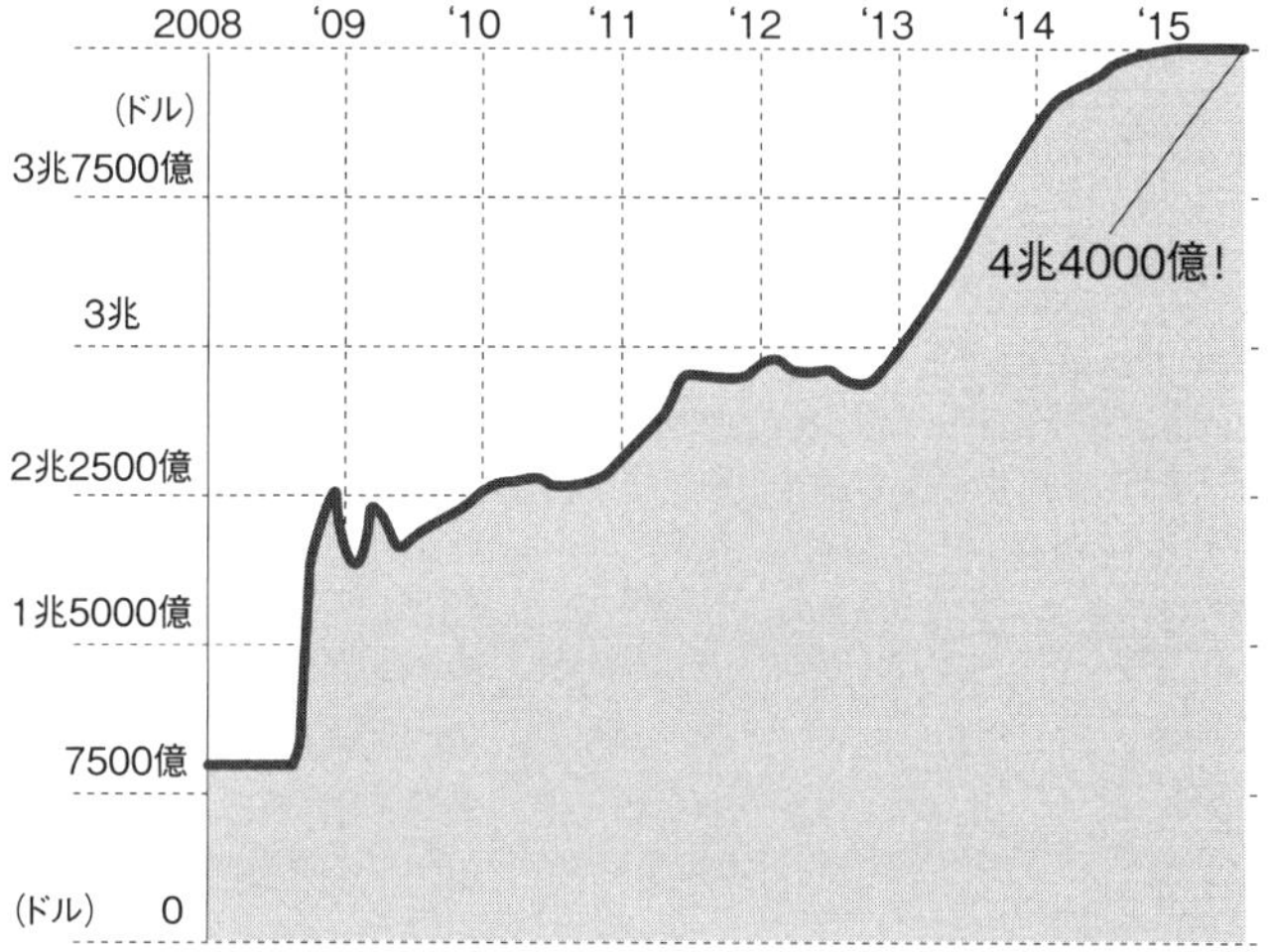

出典：Federal Reserve 他

てしまう恐れがある。

もうひとつは161ページの下図で見てわかるように、4兆4000億ドルに達したFRBのバランスシートがこれ以上増えると、中央銀行としての信用度が揺らぐ可能性がある。そもそも2014年のQE停止もその懸念があったために、時期尚早気味に行われたものである。

ちなみにこのQE停止についても、FRBの判断ミスだろう。QE停止により、FRBはいわゆる通貨切り下げ競争から足を洗った形になったが、その結果ドルが高騰し、米国のデフレの引き金を引くという当然の結果を招いた。

ECB、日銀のQE、あるいは先の中国の元切り下げなどは、ゼロ金利のもとでは、米国に実質的な引き締め効果を与えるわけで、米国以外の国の金融緩和は米国の金融引き締めとなる形になる。

そこがゼロ金利下のグローバル経済の舵取りの難しさである。金利の引き下げ競争ができないから、為替レートの切り下げ競争になってしまうのである。

FRBのQE停止は、もうすでに、十分米国景気にネガティブな影響を与えているのだ。その上に短期金利を上げることにより、さらにネガティブな政策をとるほどの必要性がどこにあるのか。ＦＲＢの利上げを無反省に囃す、市場筋やメディアの見識のなさには呆れ返るばかりである。

そもそもＱＥという非伝統的金融政策を発動したときは、これほど景気回復に時間を要するとは考えていなかった。ＦＲＢは禁じ手だが短期間に元に戻せるつもりで、ＱＥを実施した。禁じ手という意識があるからなるべく早くＱＥを止めたかった。

それが時期尚早のＱＥ停止につながり、結局、資産バブルをつくっただけで、ＦＲＢのバランスシートは悪化、本来の景気回復に至らず、５度目のリセッションに雪崩れ込むことになった。

果たしてそうした状況下で、ＦＲＢは再びＱＥに踏み込めるかどうか。失敗の上塗りをするかどうか。４兆４０００億ドルまで資産を膨らまし、さらに、これ以上見通しの暗い資産購入に踏み切るか。筆者は難しいと考えている。

③金融政策に限度があるとすれば、財政政策の出動が当然期待される。というか、それしか残されていない。

しかし、２０１０年に共和党が下院を支配し、２０１４年には上院も共和党が支配した結果、財政政策の出動も簡単ではない。

２００８年の連邦債務対ＧＤＰの比率は39％であったが、２０１４年には74％まで膨張している。共和党原理主義者の議員連中はそれだけでも大騒ぎで、５度目のリセッションで財政支出、あるいは減税を要請されても、まず連邦議会を通過することは不可能であろう。

１６５ページの図でも明らかなように、今回の不況での２００７～２０１５年までの連邦ならびに州、地方政府の支出と投資はインフレ調整後、３・３％のマイナスとなっている。それ以前のリセッションでの地方、州、連邦政府の支出、投資は23・５％の増加であった。

原理主義者が支配する共和党連邦議会は、リセッションでもカネは出さないと決めているようだ。地方、州政府は前回のリセッション（リーマン・ショック）ですでに大幅な財政支出を余儀なくされており、それがリセッションのバッファーとして作用したとはいえ、地方、州政府にそれほどの余力は残されていない。

本当のことを言えば、連邦財政赤字はＧＤＰの２・４％まで縮小しており、政府支出に対する怨念に凝り固まった共和党原理主義者が妥協すれば、財政出動は可能である。

連邦政府、州政府、地方政府による支出、投資額の累積変化

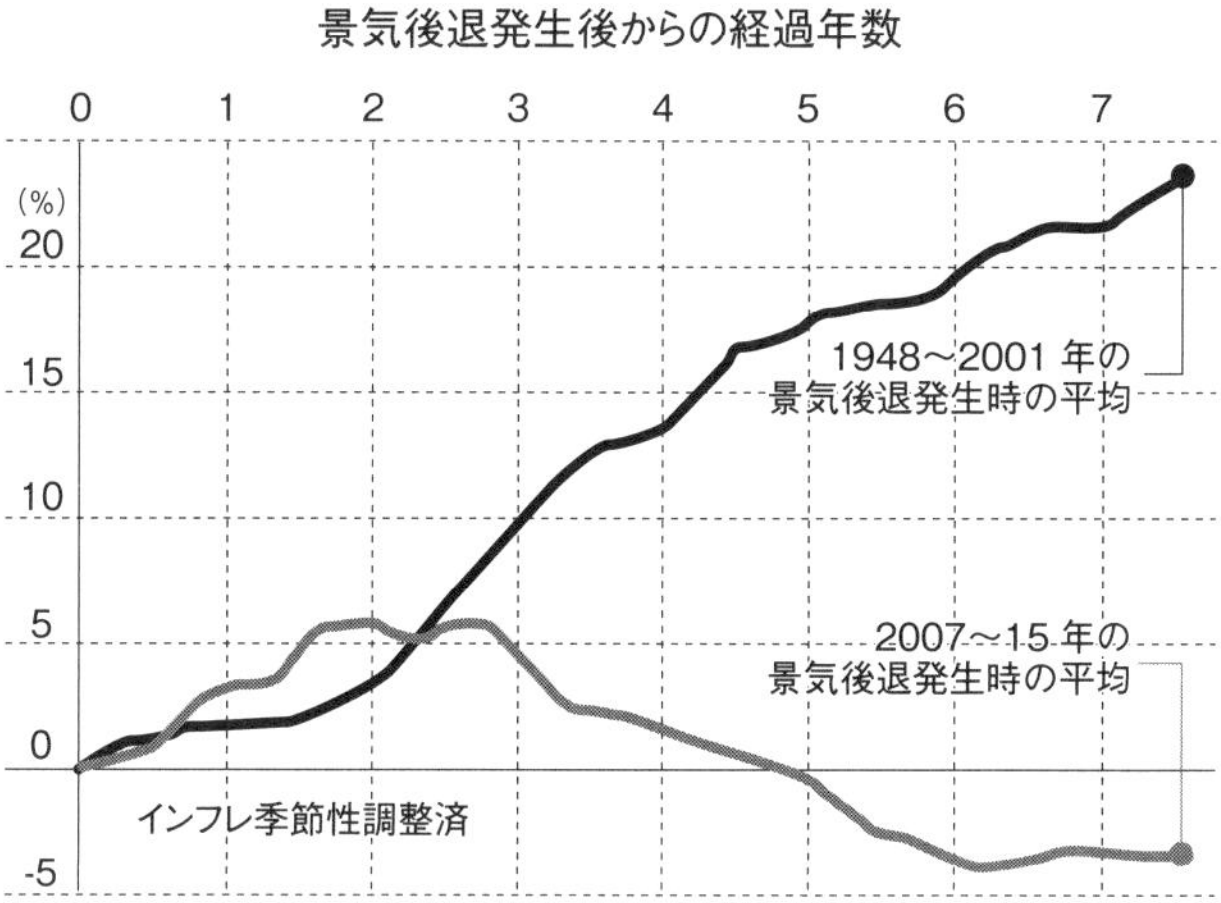

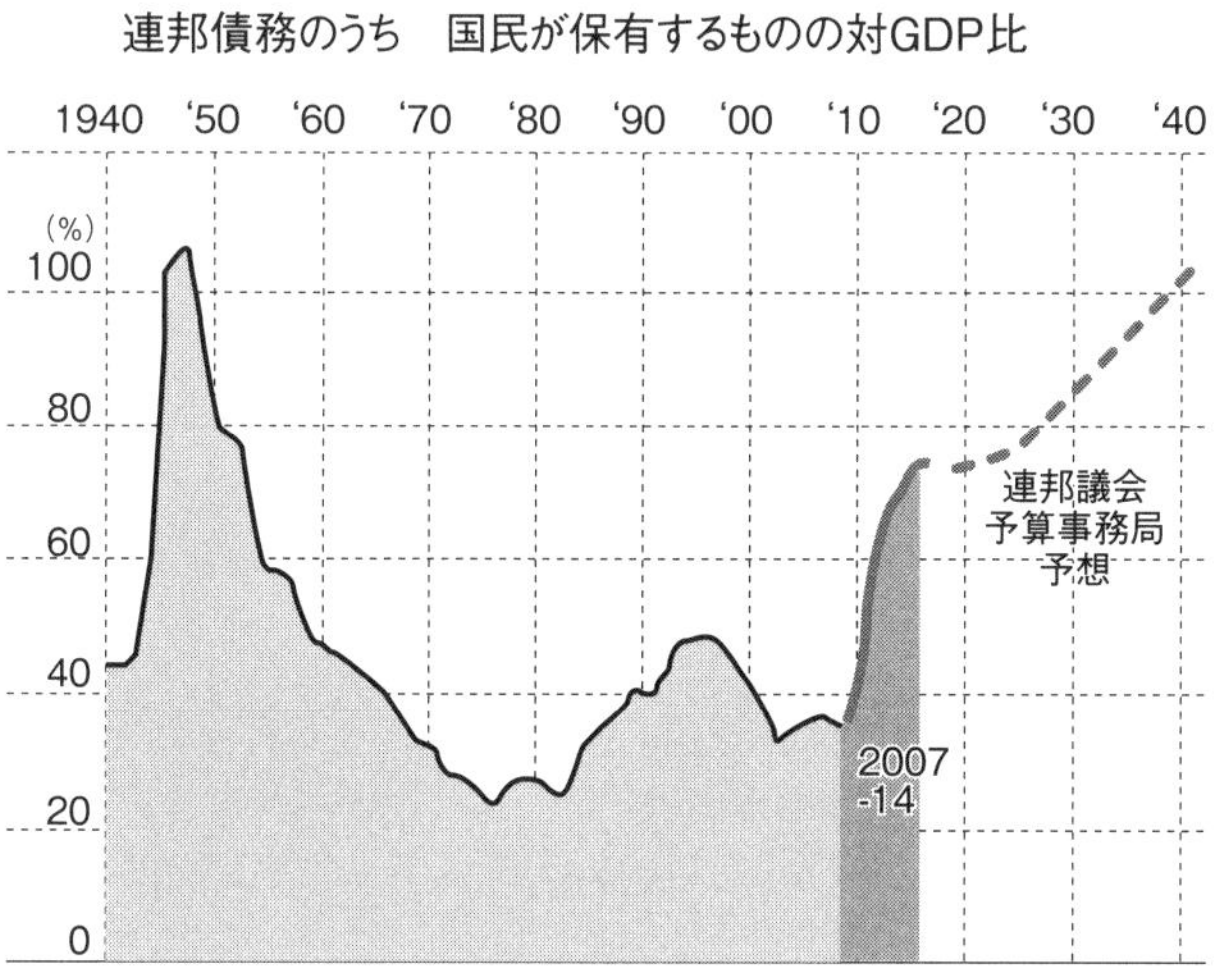

出典：THE WALL STREET JOURNAL.

問題は、この原理主義者たちは政治が妥協の産物であることを拒否し、政治は己が信念を実現する場であると誤解している、未熟な輩だということである。そういう連中は156ページ下の図にあるような今後の政府債務の膨張のプロジェクション（予想）を盾に取り、財政支出を拒否する態勢でいることは確かである。

したがって、財政支出も八方塞(ふさ)がりである。

何とかQEで景気を立て直そうとしたが、無理なものは無理で、これまで何とか保ってきた資産価格も2015年夏を期しての株価急落で不可能となった。

いよいよリセッション入りが見えてきている。

2024年まで続くベア・マーケット

以上縷々述べたごとく、今度の株安は40年半の日柄を踏んだ正真正銘の株安である。

前回の正真正銘のベア・マーケットからのアナロジー（類推法）で、このベア・マーケットの日柄を類推してみよう。

まず40年半の日柄を踏んだ場合、イニシアル・ショックと呼ぶ暴落局面がやってくる。１３６ページのチャートを参照いただきたい。大恐慌の安値１９３２年7月の40ドルからの40年半目の１９７３年1月に１０６７ドルの天井を付けてから、ベア・マーケットが始まった。現実には１９６６年に１０００ドルを達成、その後の相場は基本的に横ばいで１９８２年まで推移する長期弱気マーケットの色彩が濃い。その中で１９７３年1月、１０６７ドルの天井は40年半の日柄を見るまで暴落をひかえていた印象が強い。

イニシアル・ショックは１９７４年12月の５７０ドルで終了した。約47％の下落であった（ちなみにS&P５００の場合は、１９７４年10月に50％の下落で終了している）。

１９７３年第1四半期から１９７４年第4四半期まで、７四半期の下落であった。

イニシアル・ショックが終わると、相場は１０６７ドルの天井を超えることなく、１９８２年8月に７７０ドルの底値から相場を立ち上げるまで、長期にわたり横ばいを続けた。１９６６年から数えれば16年間のベア・マーケットである（１６８ページチャート参照）。

イニシアル・ショックの底値からの31四半期（7年と3四半期）目の１９８２年8月が相場立ち上げの原点となった。ベア・マーケットの終点となったのである。

ここで面白いのは、この１９８２年8月の日柄は、その前のイニシアル・ショック（大

NYダウ四半期足

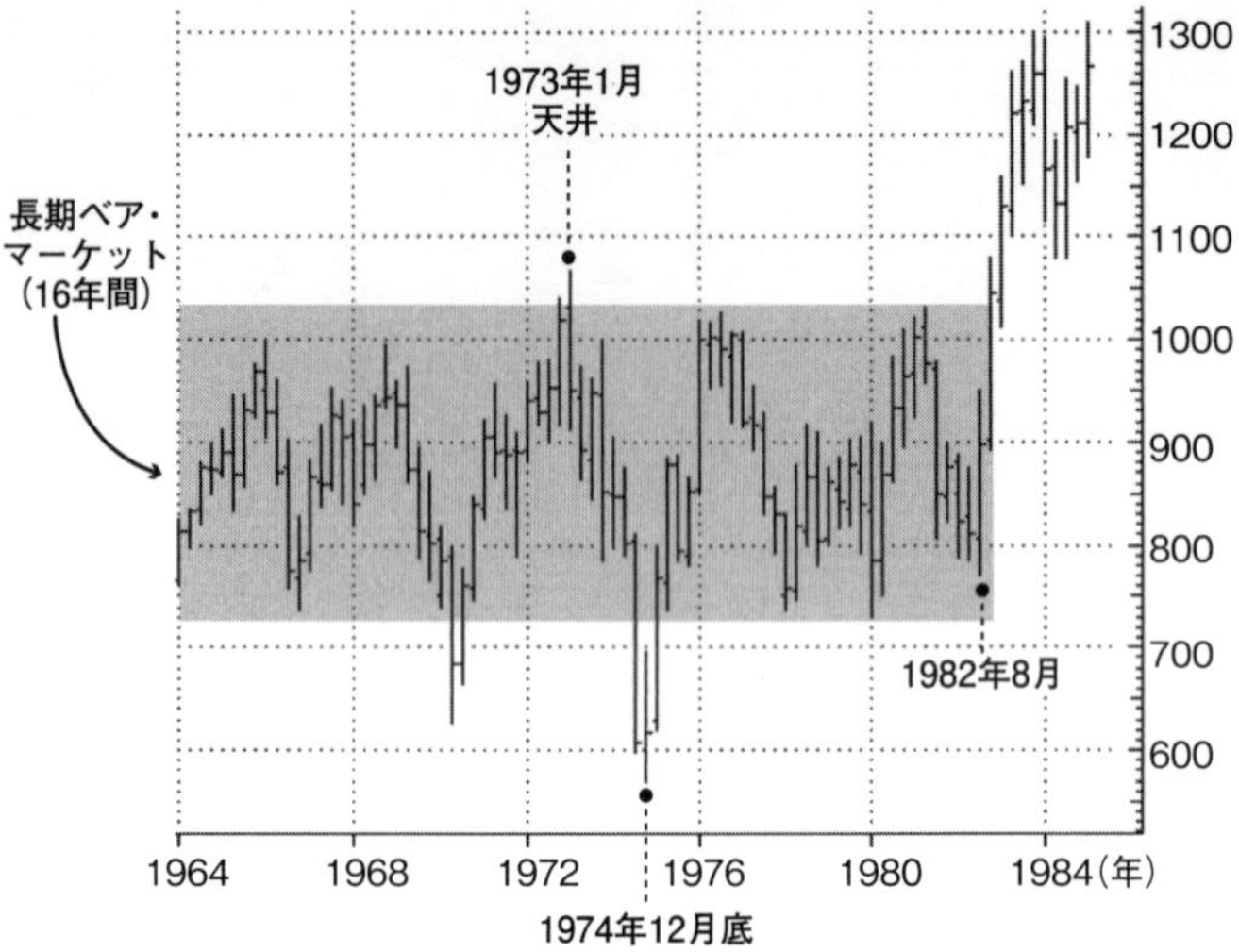

©2015/WFXA

恐慌安値）１９３２年７月（S&P５００は８月）からちょうど50年目であるという事実だ。すべてが黄金分割で整合されているのである。

１７０～１７１ページのチャートをご参照いただくとわかるように、１９７４年12月の底値からの40年半目（１６２四半期目）は、２０１５年４～６月期である。

見事に５月にNYダウは、１万８３５１ドルで天井を打った。そして本格的に相場が崩れだしたのは８月であった。なぜ８月だったのか。前回高値（リーマン・ショック前高値）２００７年10月の１万４１９８ドルから31四半期目にあたるのが２０１５年７～９月期であるからだ。

黄金分割で重要な31から働き始めた日柄は、一般的には36で終わる。２００７年第４四半期からの31四半期目から崩れ始めた相場は、36四半期目（丸９年）の２０１６年第４四半期に終わるというというのが一般的である。

したがって、イニシアル・ショックは２０１６年第４四半期（10～12月）で終了、そこから長期ベア・マーケットの横ばい相場が始まる。前回は、１９７４年第４四半期から１９８２年第３四半期までの31四半期かけた横ばい相場であった。

今回は、２０１６年第４四半期にイニシアル・ショックが終わると、そこから数えて31四半期目は、２０２４年第３四半期となる。つまり、この相場は２０１５年５月に天井を付け、２０２４年第３四半期までベア・マーケットが続くという計算になる。

最初の大きなショックは、天井を付けた２０１５年５月からの27四半期目（81ヵ月）の２０２２年３月～５月の底値であり、その後２０２４年まで低迷が続くということであろう。

この場合のベア・マーケットは下がり続けるということではなく、横ばいの状態で高値を更新できないマーケットという意味である。

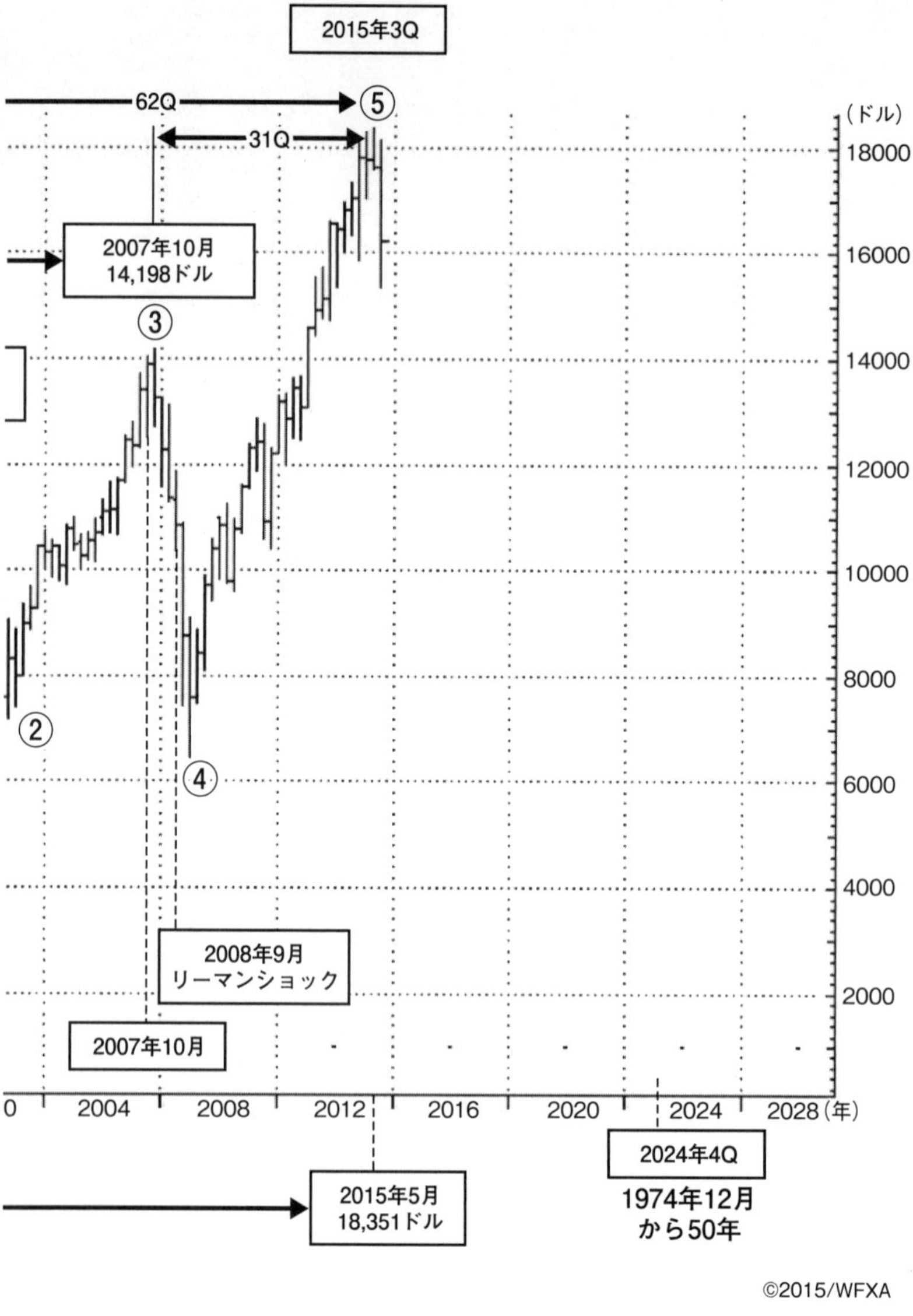

2015年3Q
62Q
⑤
31Q
(ドル)
18000
16000
14000
12000
10000
8000
6000
4000
2000
2007年10月
14,198ドル
③
②
④
2008年9月
リーマンショック
2007年10月
0
2004
2008
2012
2016
2020
2024
2028
(年)
2024年4Q
2015年5月
18,351ドル
1974年12月
から50年
©2015/WFXA

NYダウ四半期足（2015年9月9日現在）

2024年第3あるいは第4四半期から相場は立ち上がるが、ここでも前回のイニシアル・ショックの底1974年10～12月からの50年という黄金分割の法則が当てはまりそうなのである。

まさに驚異の黄金分割と言わざるを得ない。

この長期ベア・マーケットはきわめてほかの相場と整合的であり、上記の金融財政の手詰まりとも合致する。

例えば、米国長期金利は1981年9月に15％台で天井を付け、40年半の下げサイクルを2022年3月に終了することになる。それまではデフレ的な動きがずっとマーケットを支配するはずである。

2022年3月に金利は底を打つが、今度は金利上昇に転じることから、株価はそれからさらに31ヵ月低迷する。計算すると、2024年10月あたりがその日柄となるのである。

2024年11月は大統領選挙である。新しいリベラル派の民主党大統領が選出され、リベラル政治思想に則った新しいアジェンダが確立され、米国は立ち直る。

それまでは時代遅れのレーガン・アジェンダと新しいリベラルの思想とのストラグル（闘争）が約10年続くことになる。

第4章

日本経済の行方

すでに最悪期を脱した日本経済

米国経済が長期の低迷に入る中、日本経済の先行きはどうなるのか。

これについては、すでに過去の拙著『不連続の日本経済』（日本実業出版社）と『異次元経済金利０（ゼロ）の世界』（集英社）で述べたごとく、日本経済は最悪期を脱して、快方に向かっていることは確かである。

そもそも経済の流れ、景気の波動、通貨の変動、株価の消長これらのすべては、人為では如何ともしがたい宇宙のリズムで動いているものであり、いわば複雑系の世界なのである。今ある現象の延長線上に未来を描くと、ほとんど間違いなく見当はずれな未来像になってしまう。

少なくとも１９８９年のバブル破裂からの22年間、日本経済は「デフレ波」に洗われた時代であった。２０１１年後半に円高がピークを付け、ようやくデフレ脱却の第一歩を踏み出すことができた。

黄金分割の時間のシークエンス（順番の並び）で重要なのは、22、36、45、59、81の流れである。

22年間のデフレの流れから脱却した日本経済は、バブル天井から36年目の２０２５年まではディスインフレの状態が継続し、ベストのパフォーマンスを示す時間帯であろう。

日経２２５の株価の四半期足チャートを見ても明らかで、すでに最悪期は終わっている。

このチャート（１７６〜１７７ページ）で明らかなように、バブル天井３万８９５７円からの下げ18度チャネルの１００％ラインＣで、３段目の下限が見事に６９９４円の大底を規定している。

一方、その天井からの61・８％のラインＢは過去何度も上昇を阻んできた線である。そのラインをやっと上方に抜いたのが１万５０００円のところである。

ということで、この相場は天井からの１００％ラインで大底を規定し、その一段上位の61・８％ラインも上に抜いた形で、どう見ても株価は最悪期を脱している。

株価が最悪期を脱したという意味は、これからの株価は基本的に上昇局面に入っていくということだ。

株価上昇局面において経済的な災害が起こらないわけではない。ただし、株価が基本的に上昇する場合、経済的なディザスター（大災害）が起こるとすれば、インフレサイドで

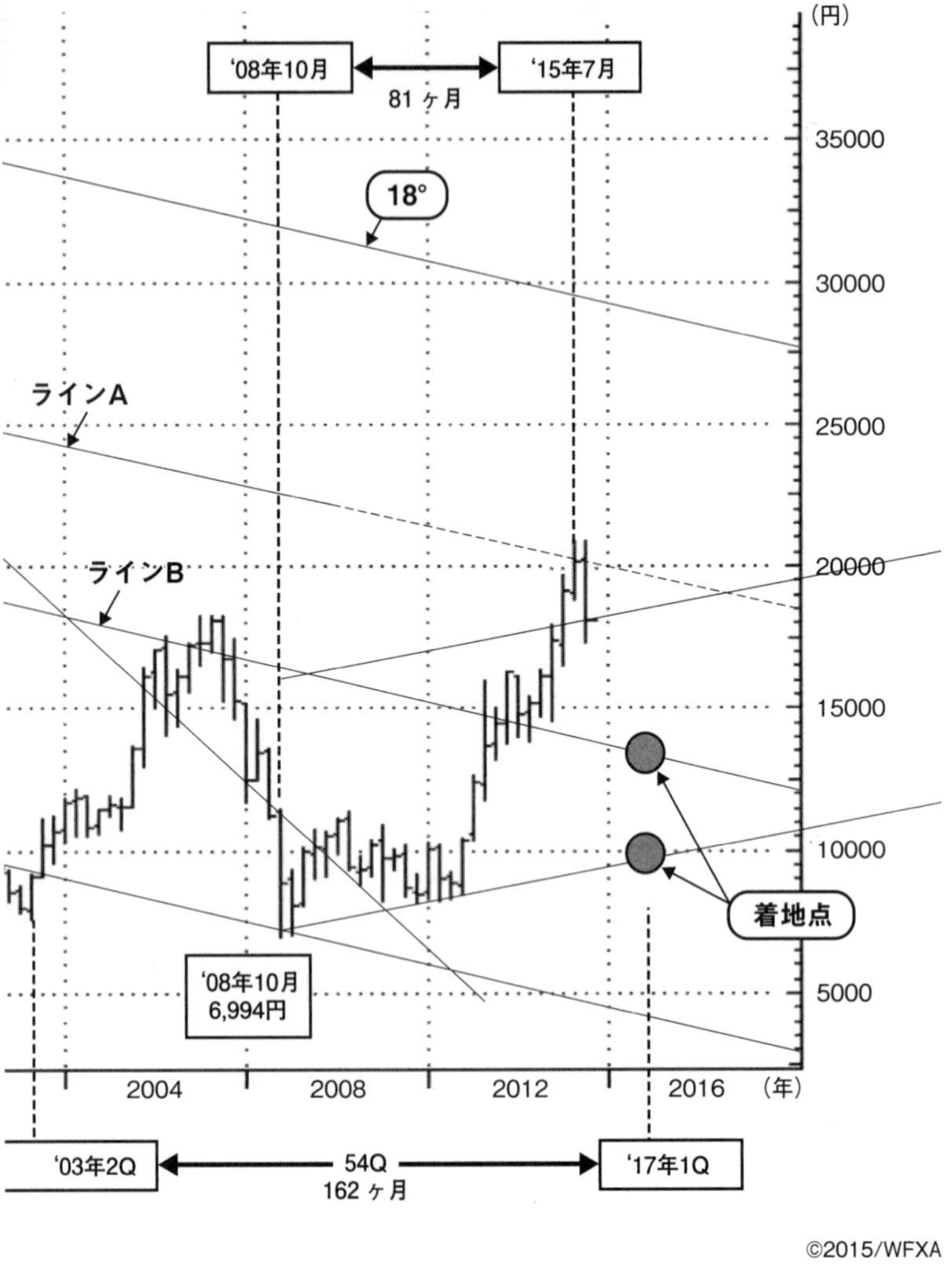
(円)
'08年10月
81ヶ月
'15年7月
35000
18°
30000
ラインA
25000
ラインB
20000
15000
10000
着地点
'08年10月
6,994円
5000
2004
2008
2012
2016
(年)
'03年2Q
54Q
162ヶ月
'17年1Q
©2015/WFXA

日経225四半期足（2015年9月9日現在）

あり、デフレのディザスターは起こらないということだろう。

なぜならインフレになれば、企業の実物資産はインフレ調整後の値でバランスシートの左側に載せられることになり、一方で、バランスシートの右側の債務はインフレになってもそれ自体は増えないからだ。となると、債権債務を相殺した株主資本が増加する形になる。

株式資産は、インフレヘッジの資産である。もちろん途中経過で金利上昇による悪影響は受けるが、フローの悪影響は別にして、ストックではインフレヘッジになる。

そこが、これからデフレが深化していく、米国や欧州とは形が違うのである。

もちろん米国や欧州の2015年夏に始まるデフレ波は、盛り上がった日本の株式景気に冷水を浴びせる形になる。しかし、それは日本がデフレに入ることを意味しない。

なぜなら株価はすでに底を打っているからである。

株価が示唆する近未来

前記のチャートをもう一度ご覧いただきたい。

３万８９５７円のバブル天井からの１００％ラインＣが６９９４円の大底を規定したことはすでに申し上げた。

今度はその天井からの61・８％ラインＢを見てみよう。そうすると、過去３度のメジャー高値はこのＢラインに阻まれて、一時的なペネトレーション（侵入）は別にして、大きく反落してきた。

そのＢラインをようやく征服したのは、２０１４年の第３四半期（9月）であった。

過去に何度も跳ね返され、重大な上値抵抗ラインＢをやっと上に抜いた相場は、一気に次のＡライン（天井からの38・２％のライン）の位置する２万８００〜２万１０００円のラインをトライした。

もちろん重要度に於いて、Ｂラインに匹敵するＡラインを一気にペネトレートできるわけもなく、相場は反落となっている。

過去のチャートパターンに学ぶなら、Ｂラインで跳ね返された相場は、Ｃラインまで売り落とされている。

今回Ａラインで跳ね返された相場がＢラインまで反落することは、容易に予測することができる。

日柄でみるとどうか。

今回の戻り天井は、2015年6月の2万952円であったと思われる。一般にこれだけの上げマーケットをやって大事なところで止められた相場は、そう簡単には高値を更新できない。2008年10月の底値から81ヵ月目が2015年7月であった。ちょうどその日柄で天井を付けた形で、一般的には19ヵ月の調整がともなう。

そうすると、2017年1月あたりがこの相場の下げの底となりそうである。2017年1月は、1989年末のバブル天井3万8957円からの27年目である。27年は324ヵ月で、黄金分割の162ヵ月の2倍である。

以上でみると、調整の底の日柄は、2017年第1四半期である可能性が高い。

上記のBラインが、2017年第1四半期には1万4500円に位置している。Bラインに当たりに行くため、2017年第1四半期に1万4500円というのが美しい。

これは震災後安値2011年11月の8135円から、戻り天井2万952円までの上げ幅の50%戻しのレベルであり、これもビューティフルである。

問題は、バブル天井からの27年目という日柄である。その半分の日柄の13年半である

２００３年４月に７６０４円の安値をみている。したがって27年の重大日柄での底値は１万４５００円で済まない可能性が高い。１万円に接近することも考えておく必要があろう。

その後は順調に相場回復が予想されるが、２０２２年の世界デフレが次なる試練となりそうだ。ただし日本経済の最悪期は過ぎている。最安値６９９４円を更新することはない。

ドル・円相場は16年サイクルトップ

２０１５年６月５日にドル・円相場は１２５円86銭の高値を付け、８月12日に１２５円29銭のダブルトップを付けて、反落に転じた。

ドル・円の「四半期足」のチャートをみると、１９８２年、１９９８年と高値を付けた。そのほか１９７４年、１９９０年、２００７年にもマイナーな高値を付けた。

つまりこの相場は、基本的には8年毎に高値を付け、その中でも16年ごとにメジャーな高値を付けてきていることになる。

これは何を意味しているのか。１ドル３６０円を定めた１９４９年４月からの16年ごとのインターバルで、メジャー高値を付けているわけである。

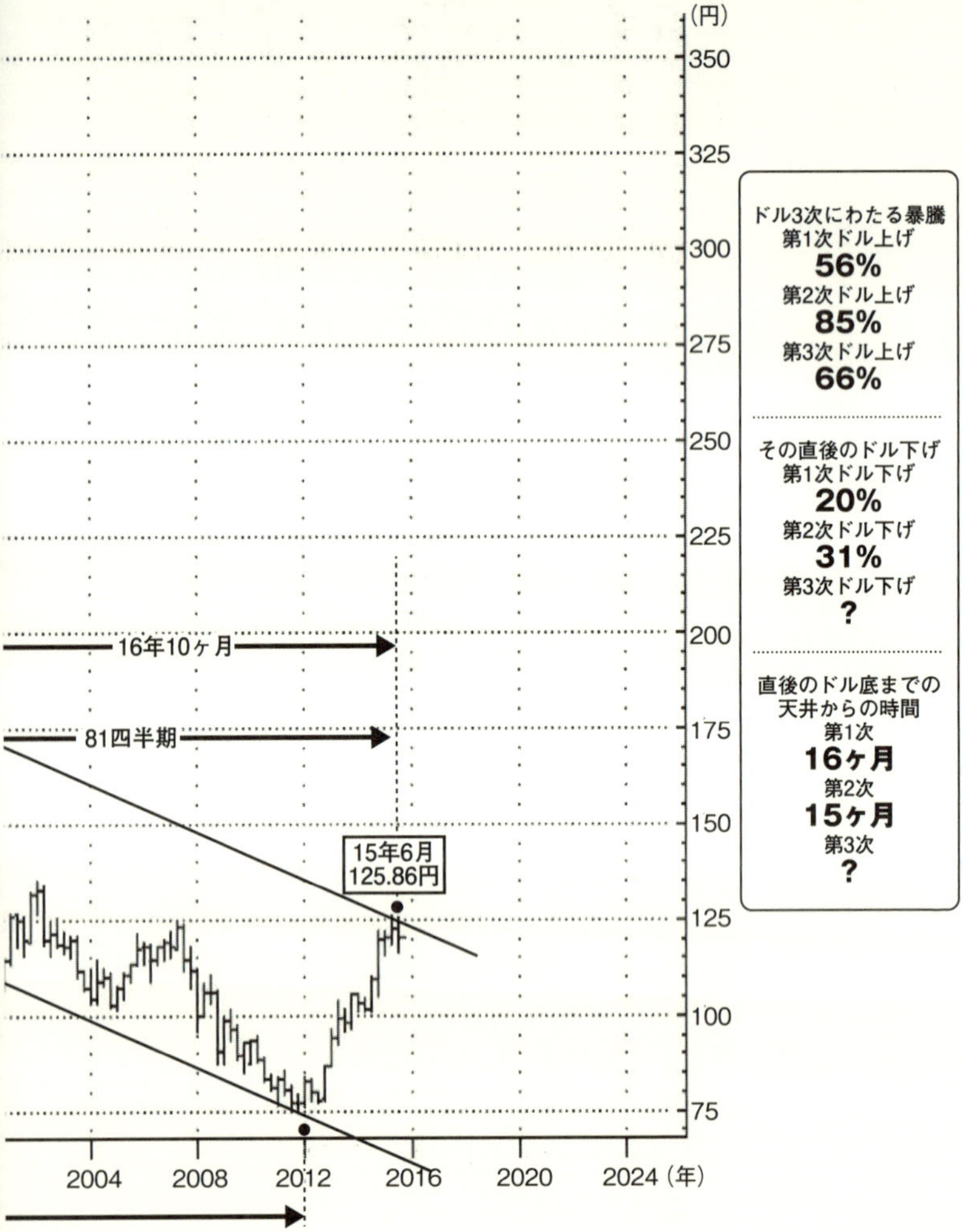
(円)
350
325
300
275
250
225
200
175
150
125
100
75
16年10ヶ月
81四半期
15年6月
125.86円
2004
2008
2012
2016
2020
2024（年）
ドル3次にわたる暴騰
第1次ドル上げ
56%
第2次ドル上げ
85%
第3次ドル上げ
66%
その直後のドル下げ
第1次ドル下げ
20%
第2次ドル下げ
31%
第3次ドル下げ
?
直後のドル底までの
天井からの時間
第1次
16ヶ月
第2次
15ヶ月
第3次
?

©2015/WFXA

ドル/円四半期足（2015年9月10日現在）

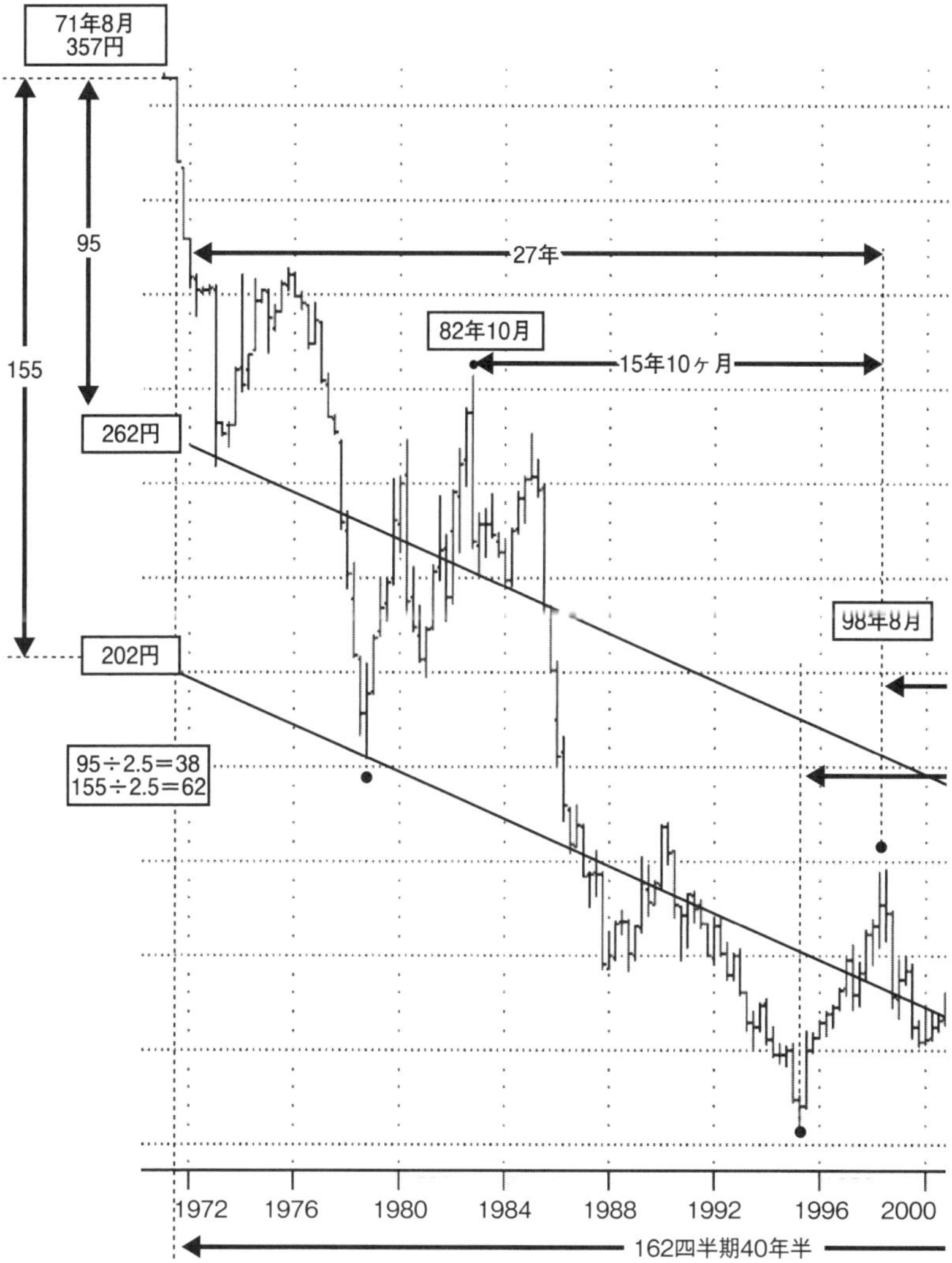

1949年からの16年目は1965年であるが、固定相場だったため、高値をスキップして、その次の17年目（1949年4月からの33年半後）の1982年に大きな高値278円を付けた。その16年後の1998年8月に147円のメジャードル高値を付け、さらにそこから16年後の2015年に大きなドルトップを付けたことになる。

さらに、1995年4月の超円高79円75銭からの162の半分の81四半期（243ヵ月＝20年3ヵ月）は2015年7月となっている。上記のダブルトップは6月と8月に示現しており、ちょうど美しい日柄となっている。

高値からの16年、安値からの20年の日柄がちょうど2015年半ばに、重なってやってきた。そのために早く強いドル高相場になったものとみえる。

16年サイクルトップでみると、1982年の場合、トップからの下げは5四半期で20%、98年の場合はやはり5四半期で31%の下落となっている。

今回の天井125円からの20%下落はちょうど100円、30%とすると88円あたりがこの下げのターゲットのプロジェクションとなるが、ただ大局円高時代の1982年、1998年の円安ピークと、今回の大局円安時代の中での、円安ピークからの調整の深さが違うかどうか。相場が走ってみないとわからない面はある。

大局円安でも円高でも変わらないとすると、まず1982年に向けての1978年のドルの底からの上昇は56%、1995年からのドルの上昇は87%であった。当然のことながら、大きく上がったものは大きく下がるというルールがここにはみられる。

今回は75円53銭の大底から、6月5日の高値125円86銭まで66%の上昇である。これは1982年と1998年に向けての上昇率の中間に位置している。となると、20%と30%の下落の中間の25%というのが、腰だめで浮かんでくるレベルである。

過去のドル高調整場面のアナロジーで今回の下げを律すると、2016年第3四半期（7〜9月）に25%調整の93円というのが無理のないレベルではないかと思われる。

しかし2016年8月は1971年8月のニクソン・ショックによる円高開始からの45年（540ヵ月）に当ることから、トリッキーな円高加速も考えられる。その場合は2017年まで底打ちが延びることになろう。

景気の動向はほとんど人為で決められるものではない。相場の波動と同じく宇宙のリズムで決まっていることである。

日本のデフレからの脱却に、アベノミクスが功あったがごとき評価があるが、まったく関係ないだろう。筆者に言わせれば、アベノミクスなどやってもやらなくてもよかった。むしろやらなければ、あんなに国債を大量に買うことはなかったのだから、やるべきではなかった。

日本経済が1990年からデフレ経済に入り始めたとすると、最初の日柄である22年間を経て、2012年にまさに経済がデフレ脱却するちょうどそのときに首相になった安倍氏の幸運を嘉するべきである。

米欧がこれからデフレに本格的に入る中で、日本は大丈夫かと心配する声もある。筆者が研究している黄金分割の日柄から判断すると、すでにデフレは終わっている。経済の体温を測る指標は端的には株価、為替相場などがあげられるが、これらのいずれもがすでに黄金分割の日柄でみて、2011〜12年に歴史的な転換を迎えたからである。

黄金分割の日柄を踏んで底打ちした日本株

具体的な相場の日柄に当たってみることにしよう。

日経平均は東証再開の１９４９年からの40年７ヵ月後の１９８９年12月に、バブル天井３万８９５７円を付けた。この40年７ヵ月しいう日柄は、メジャーな日柄である40年６ヵ月の１ヵ月後である。

40年半という数字はきわめて重要である。まず、１６２年の４分の１である。また、１６２四半期でもある。１６２ヵ月（13年６ヵ月）の３倍でもある。つまり、日経平均は東証の取引再開後、きれいな黄金分割の日柄を踏んで頂点に達した。

２００３年４月には当時の最安値７６０４円を記録したが、この日柄は頂点からの１６０ヵ月目であった。

１６２ヵ月の近似値である。この時が日本経済の底ということができるだろう。金利でみれば２００３年６月に最低金利の０・43％を見ているが、この日柄はまさに株の頂点からの１６２ヵ月目であった。

リーマン・ショック
安値
(円)
37500
35000
32500
30000
27500
25000
22500
20000
17500
15000
12500
10000
7500
2004
2008
2012
(年)
2003.4
7,604円
2008.10
6,994円
震災後安値
8,135円
2011.11

日経225年足四半期
38,957円
1989.12
19年
160ヶ月
≒162ヶ月
1984
1988
1992
1996
2000
天井
38,957円
1989.12
263ヶ月
≒262ヶ月

株と金利で2ヵ月の時間差はあるが、162ヵ月という美しい日柄を踏んだ日本経済は、とりあえずいったん底打ちをみたことになる。この底打ちは、日柄からみてレジティメイト（本物）である。

その後日本経済は立ち直ろうとするが、2008年には今度は米国発のデフレ波がやってきた。リーマン・ショックである。米国の証券会社リーマン・ブラザーズの破綻を放置した米国財務省の決定により、世界の金融市場はほとんど凍りつき、資金融通の道が閉ざされた銀行、証券会社が雪崩を打って倒産する直前まで事態は悪化した。

この米国発の危機により、2007年2月に1万8300円まで戻していた日経平均は、2008年10月に6994円まで下落し、最安値を更新することになった。2009年3月には7021円で「2番底」を踏んで、ようやく反騰に転じた。

この安値示現の2008年10月、2009年3月は、バブル天井からの19年の日柄を踏んでの最安値であった。19週、19ヵ月、19四半期、19年の日柄は相場が一方方向に走りうる限界のタイミングである。すなわち、これでこの相場は走り切ったものと考えられる。

さらにデフレ波は襲う。2011年3月11日の東日本大震災を受けて、株価は1万400円台から一気に8227円までの急落をみた。同年11月25日には8135円の安値をみて、反騰に転じた。

この安値は、バブル天井からの263ヵ月目（262＋1）という黄金分割の要のタイミングで示現したものであった。したがって、大きな底が入ったとみていいだろう。

以上からみて、この相場は要のタイミングで安値を示現してきており、なかでもバブル天井から19年目に付けた7000円前後の安値は、19年という日柄からみてバブル破裂後の最安値を付けたといえよう。

東日本大震災後の最安値2011年11月25日の8135円という日柄は、バブル天井からの263ヵ月目と前述したが、同時に東証が第2次大戦後、取引を再開した1949年（昭和24年）5月から62年目であった。2008年の6994円の2番底としての相応しい日柄であっただろう。

日経平均の年足チャートを見ると、1989年の天井3万8957円からの62年目の2051年から左下方に下げた、72度線が相場を規定したのが一目瞭然である。

ちなみにもうひとつ同じ年足チャートで、1965年（昭和40年不況――山一証券に対する日銀特融でマーケットを救った）の安値1020円からの76年目（黄金分割38年の2倍）から左上方に上げた、72度線が見事にバブル天井を規定していることがわかる（『富の不均衡

日経225年足

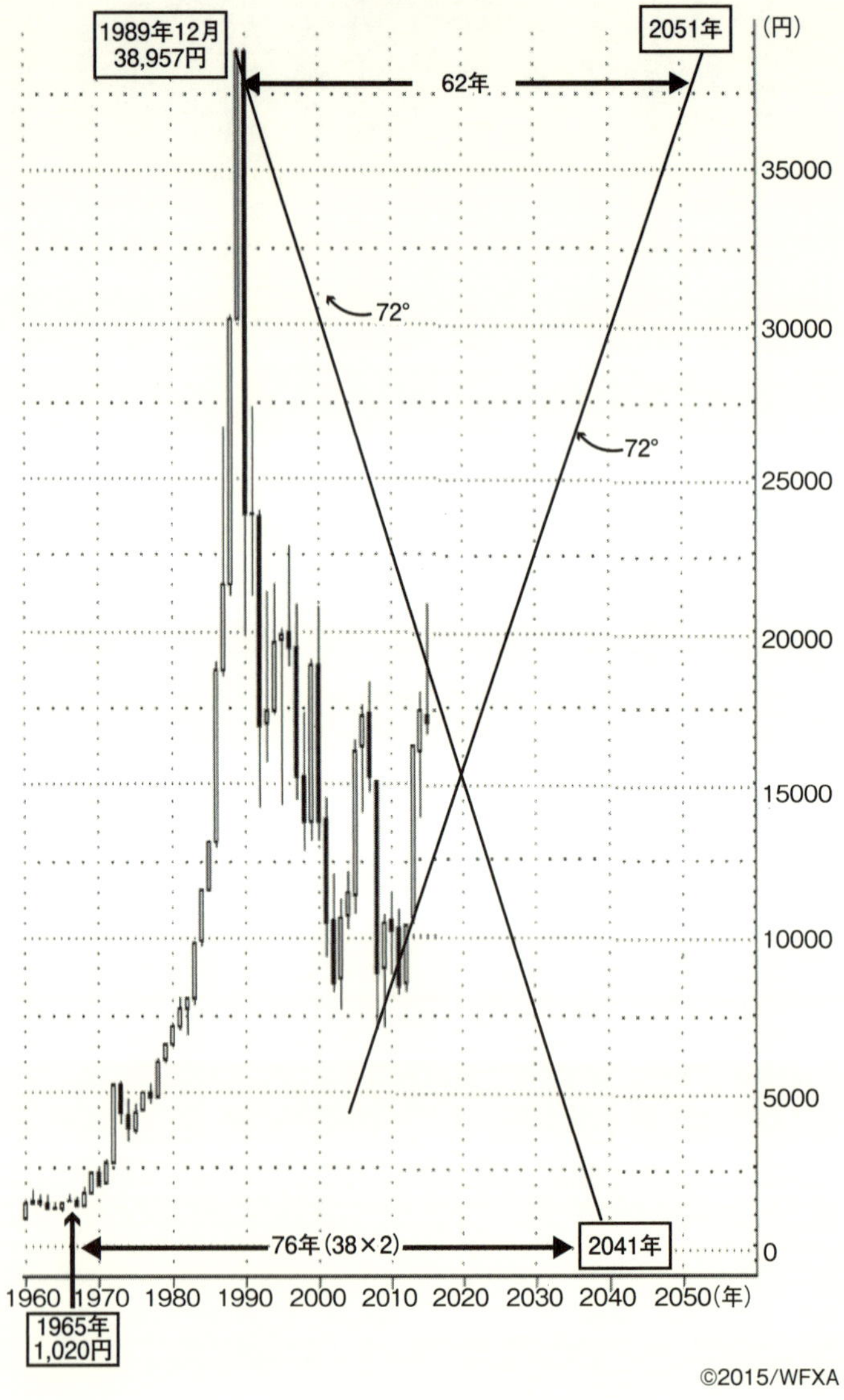

1989年12月
38,957円
2051年
(円)
62年
72°
72°
35000
30000
25000
20000
15000
10000
5000
0
76年(38×2)
2041年
1960
1970
1980
1990
2000
2010
2020
2030
2040
2050(年)
1965年
1,020円
©2015/WFXA

バブル』187ページ参照)。

黄金分割の威力である。

ドル・円の為替レートが正式に決まったのは、1949年4月、1ドル360円であった。

その後、基本的には円高の流れが62年間(黄金分割)続いて、2011年10月に75円53銭という円の史上最高値を付けてから円安に反転、すでに125円までの円安をみている。

また360円の固定相場の平価から放れるのは、1971年8月のニクソン・ショックからであった。

ニクソン・ショックとは、当時米国が国際収支の赤字に苦しみ、ブレトン・ウッズ体制の信用の根源である金とドルの兌換を停止した事件である。

その時点からの40年半目が2012年の2月であったが、76円の2番底を付けてドルが立ちあがった。先に40年半は「SEA CHANGE」の日柄であることを申し上げた。

136ページにいくつかの例を挙げたので参照いただきたい。

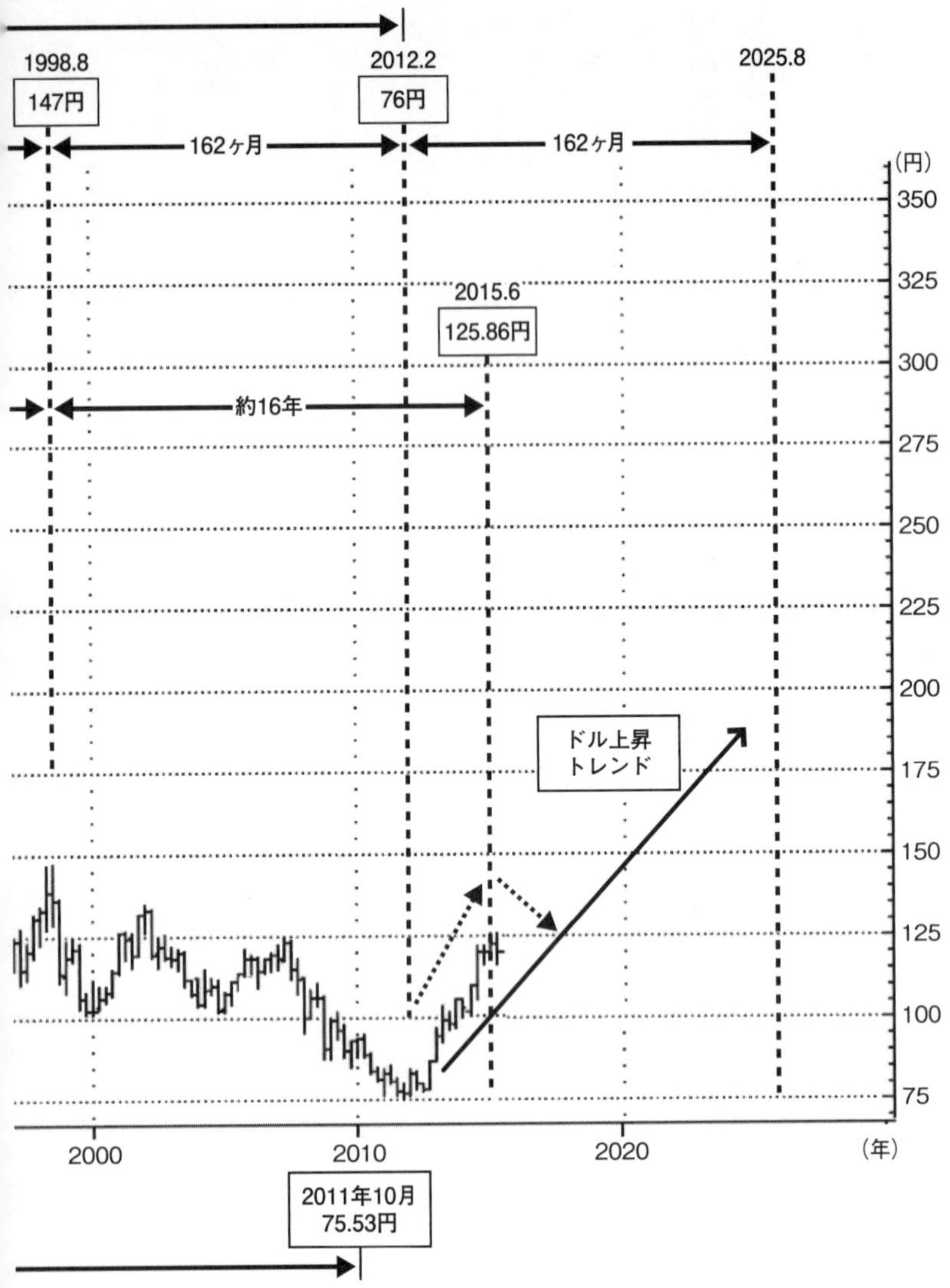
1998.8
147円
2012.2
76円
2025.8
162ヶ月
162ヶ月
(円)
350
325
2015.6
125.86円
300
約16年
275
250
225
200
ドル上昇
トレンド
175
150
125
100
75
2000
2010
2020
(年)
2011年10月
75.53円

ドル/円四半期足（2015年9月現在）

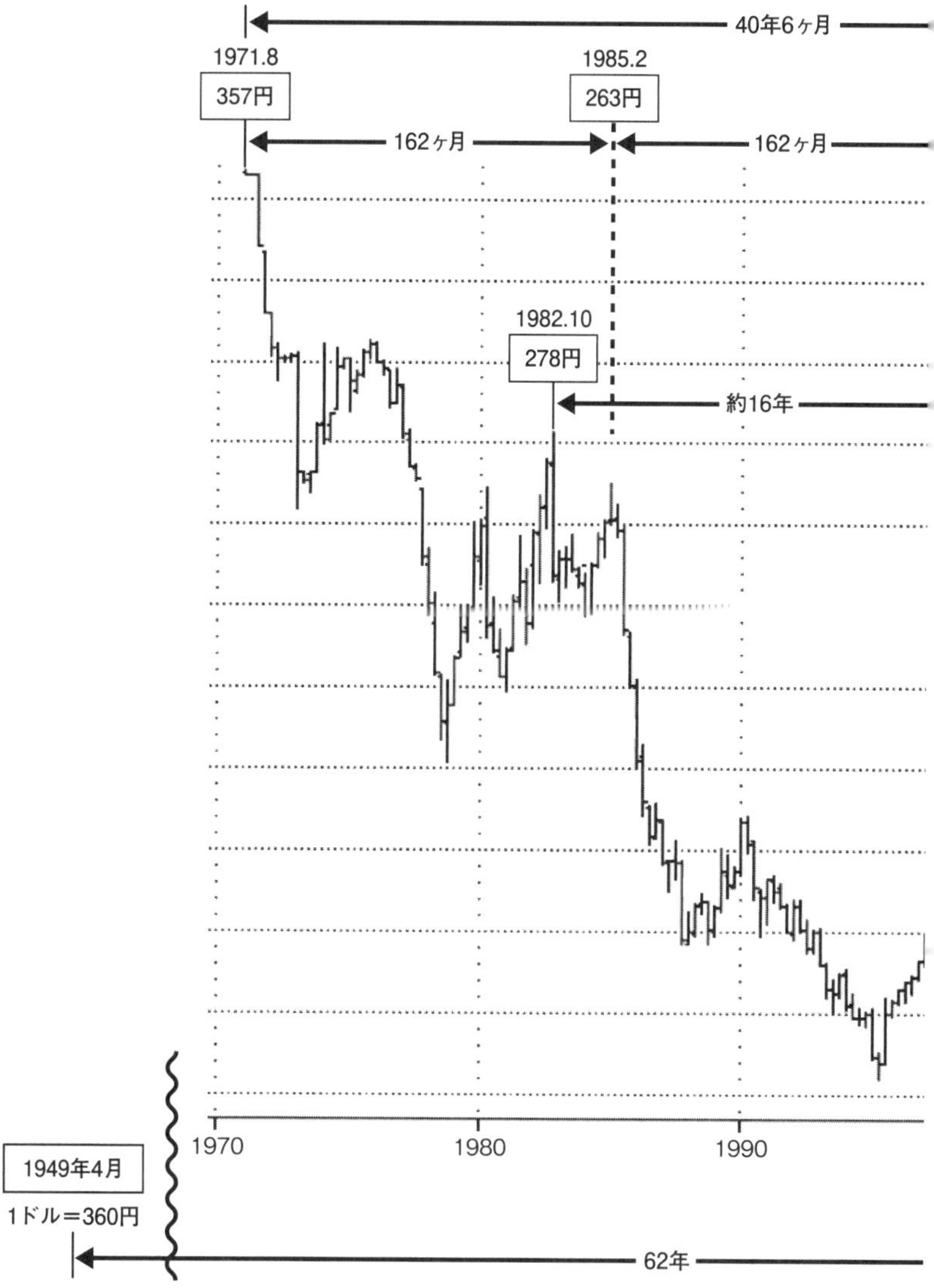

周回遅れの真似ッ子政策に捉われている日本

要は日本はアベノミクスに関係なく、デフレ─円高─デフレの悪循環が終わるタイミングにあった。

相場は人為ではない。アベノミクスは関係なく、日本株はあるべき日柄を踏んで暴騰する寸前にあった。

逆にいえば、アベノミクスが失敗したから株が暴落して、またデフレに陥るということもないのである。要するに、アベノミクスなどはどうでもよいのである。

滑稽なのは、アベノミクスかどうか知らないが、日本では今になって盛んにコーポレート・ガバナンスが叫ばれている。ROE（自己資本利益率）重視の経営をこの期におよんで声高に叫ぶというのは〝滑稽〟を通り越している。

すでに米国では、レーガン・アジェンダの制度疲労で崩壊寸前の、株主重視型強欲資本主義の経済運営に非難の声が上がり、従業員重視のリベラルの声が澎湃として起こる中で、日本のROE重視は周回遅れの、米国真似ッ子政策なのだ。

従業員重視のリベラル型経営がこれからの世界の潮流である、と筆者は考えている。まさに時代の最先端を行こうとしている日本型経営を無視して、ＲＯＥ重視は馬鹿げているし、それをもてはやす日本経済新聞というのはまさに滑稽な存在である。

ことほど左様に人為は見当違い（Irrelevant）なのである。害があるとは言わないが、関係ないのである。

周回遅れの真似ッ子政策といえば、これもそうだ。

黒田日銀による異次元緩和が実施されたのは２０１３年４月である。

正式には量的・質的金融緩和（ＱＱＥ）と称するものらしい。

そもそもこの量的緩和なるものは、最新の経済学でその効用について、ほぼ１００％否定されている。

ＦＲＢがやったから私もと、黒田さんが異次元介入に踏み切る。戦力の逐次投入はしないとの意気込みで、一気に大量の資産買いを実行して２％の物価上昇を目指すというものであった。

そもそもその景気刺激などなくても、デフレ経済20年間の逆転巻き戻し現象で、株価も大幅上昇、大幅円安も進行したのに、あたかも黒田日銀のおかげで円安株高が達成されたかのごとき言説がなされている。

放っておけば円安株高が起こったのに、黒田さんのおかげで、日銀は300兆円もの国債を抱えてしまった。

この政策に効果がないことは、FRBの大失敗を見れば明らかである。

来年からは、日本の長期金利が上がり始める日柄に入る。どうやってこの累積した国債を売却していくのか、日銀の出口戦略はこのQQEのせいでひどく難しいものになった。

その意味で見当違いのこのQQEは、見当違いだが無害ではなく、見当違いでありかつ有害であるという評価が正当だろう。Irrelevant and harmfulである。

ただ日本がツイているのは、日本の長期金利が上がろうとする2016年から、米欧のデフレが本格化することから、わが国の金利上昇はきわめて軽微なものにとどまりそうなことである。

米国金利は2022年まであと7年間低迷するものと思われるので、その間にこのメッス(ゴミの山)を整理していくことが肝要だ。

来年から長期金利が上がり始めることとは、デフレ不況後初めて日本の財政赤字に警鐘を鳴らす価格シグナルが出始めることを意味する。日本は財政赤字の削減に本気で取り組みなさいという、マーケットのシグナルである。

長期金利が上昇し始める２０１６年と財政健全化

日本経済の先行きをみるに、どうしても楽観的になれないのは、財政の問題と少子高齢化の問題である。これらの問題については、ほとんど何の知見も有しない筆者である。ただ「Market takes care of itself」が筆者のモットーである。「マーケットが勝手に解決してくれる」というわけだ。

こういう問題は、あまりにも誰の目にもはっきり見える未来であるから、懸念材料として多くの人の耳目に達する機会が多い。しかし、この種の懸念は自然に解決していくことが多い。

まさに少子高齢化は別として、財政赤字の問題はデフレ不況がもたらした災害である。デフレを脱却すれば、自然に回復していく筋の問題だろう。

この世のすべては波動なのである。

ほんの数年前、デフレ不況に呻吟していたときは、景気回復などは夢のまた夢であった。誰が今日のような人手不足を予期し得たか。

大学生の就職が今日の売り手市場になると言ったら、狂人扱いされただろう。現実に筆者は2012年秋、親戚の告別式の食事の席上で、「日本経済は劇的に改善する」と遠縁の伯父さん（この人は元経団連副会長）に話したが、まったく一顧だにされず、「葬式の場に相応しくない冗談を」みたいな表情で呆れ返られた。たった2、3年前の出来事である。

もちろんどこの国でも「勝手に良くなる」とは言えない。日本だから言えることである。米国に30年以上在住しているが、日本人の優秀なこと、まじめなこと。一般の人でも国の財政に関心を持ち、消費増税やむなしの態度を示すなど、全体のために個を犠牲にする稀有な精神的資質を持った国民は、世界広しといえどもそうはいないだろう。

賢明なる日本の財務官僚は、日本の政府債務（広義）が1200兆円と公表して、人々の危機感をあおるが、どう見てもこの人たちが正直に数字を出す人たちとは思えない。そこには相当の過大数字があるとみるのは筆者だけだろうか。

コロンビア大学のデビッド・ワインシュタイン教授によると、日本の政府債務総額はGDPの２４３％に相当するとなっているが、この数字は問題の実態を理解するうえでは、２つの理由から適切ではないとして以下詳説している。

「第一に、日本の政府部門は既発債の相当量を保有しているため、債務が二重にカウントされている。企業を評価する際には資産総額から債務を差し引いた純資産をみるように、政府も債務総額から資産を差し引いた純債務こそが、現在の財政状態を表す経済的に意味のある数字といえる。

第二に、企業の連結決算には子会社が含まれるように、政府の連結決算にも、公的企業の資産と債務を含めるべきである。筆者が日本政府のバランスシートを連結ベースで作成したところ、２０１４年６月時点で純債務はＧＤＰ比１３２％だった。

しかもこの数字も、日本の問題を実態以上に深刻に見せている。アベノミクスの第１の矢は、金融政策に重点が置かれていた。日銀の黒田総裁がこれを見事に実行した結果、現在日銀は既発債の相当量を保有している。日銀は原理的には国債を永久に保有できるので、政府はその償還に頭を悩ます必要はない。日銀を政府のバランスシートに含めた場合、

２０１４年６月時点の純債務はＧＤＰの80％となり、グロスの３分の１になる」

（日本経済新聞２０１４年12月29日版「経済教室」より）

財政健全化の議論は依然活発であるものの、あまり進展していない。なぜか。金利が上昇していないからである。

２０１６年から長期金利が上昇し始めるので、日本の政官界は初めて財政健全化への真剣な対応を要求されることになる。金利上昇による価格シグナルが、財政健全化の緊迫度を示唆すれば、日本の国ほど世論をまとめるのが容易な国はないだろう。〝Things take care of themselves〟である。

20年間呻吟したデフレからの脱出は、あらゆる経済分野で一斉に起こることではなく、各分野の跛行性(はこう)をともないながら、だんだん全体の良くなり方のバランスが取れてくるものである。性急に財政健全化に走る必要はないだろう。

円安の為替相場が発するシグナルはモノづくりである

過去40年間、ドルが紙切れになって金の呪縛を放れたことから、異常なマネーの膨張をもたらし、その結果、とくに米国では金融が産業として異常に肥大化した。

それが新自由主義経済思潮と結びつき、持てるものと持たざる者の距離が大きく乖離する現象を生んだ。その流れが是正されるのが、これからの10年間の米欧のストラグルの〝本質〟である。

わが日本国はもともと、土地にしがみついてきた文化を有する。「一所懸命」なる言葉がいみじくも体現する日本精神である。その日本人の体に染み込んだ土地本位制が極みに達したのが、１９８０年代後半のバブルであった。

土地本位制がもろくも崩れた後、日本精神の発露は、モノづくりの分野にあるのではないかと、筆者はみている。日本の一部製造業の優位性後退が取り沙汰されているが、細部に神が宿るといわれる戦術眼は、日本人の特徴である。

米欧の狩猟民族的特徴である、戦略眼を得意とする金融の世界に、日本人は向いていいない。

金融の世界が勢いを失うこれから10年、日本のモノづくり文化が世界の注目を浴びることになるような気がしている。

農耕民族が苦手とする戦略眼を必要とする世界は、米欧の没落で、当分無視できそうだ。日本の首相が海外の投資家に媚びる必要はない。

ひたすら戦術論で押す日本はモノづくりに専念すればよい。ＲＯＥ重視なんて完全無視である。

40年間の円高が終わり、円安に大局が変化した今、為替相場が発する価格シグナルは、モノづくりである。

それが日本への製造業の回帰、それにともなう地方の活性化、ひいては少子高齢化のスローダウン、あるいは反転に寄与するものとみている。

第5章

欧州はどうなるのか

金融政策手詰まりの中で露呈するＥＵの限界

先進国は金利ゼロの世界に入っている。

ＥＣＢ（欧州中央銀行）も２０１５年３月から、従来のマイナス金利に加えて量的金融緩和（ＱＥ）に踏み切った。

これらの施策が功を奏するのだろうか。米国のＱＥの失敗、日本のＱＱＥのIrrelevanceをみると、どう考えてもＥＣＢの政策が成功するとは思えない。

若干のリバウンドはあっても、基本的には斉整とデフレに向かうのが欧州である。

これからデフレに向かう逆風の中で、ＥＵ、とくにユーロゾーン19ヵ国は苦しい。

米国の場合、ＱＥ失敗後の経済運営で、金融政策は種切れとなった。政府による財政支出が必須となって、紆余曲折はあるものの、財政支出に踏み切ることになると思われる。

一方の欧州は、とくにユーロゾーンは、デフレの本家のドイツがヘゲモニー（主導権）を握っている。

通貨統合後も財政は別で、参加各国のエゴが目立ったギリシャ救済の場面をみると、この究極の国家主権である財政問題がアキレス腱となって、効果的な対策を打てないことが考えられる。

いつから本格的に欧州が苦しくなるかというと、おそらくデフレとユーロ高とのスパイラルが発生するときである。

わが日本が経験した、デフレ―通貨高―デフレのスパイラルが近未来にやってくる。そのとき、まったくそれに抗する手段を持たないのがユーロゾーン各国である。財政赤字はユーロ規約のＧＤＰの３％以内のルールで縛られ、統一通貨であるため、通貨切り下げで対抗することもできない。

盟主ドイツは、憲法で財政黒字を義務づける、財政原理主義の権化である。

それではいつ頃からユーロは上昇に転じるのか。ユーロは、旧西独マルクの波動を〝継承〟して動いている。

１９８５年2月にユーロ換算で０・５６３３の安値を付けた後、２０００年10月に０・８２２８と次のサイクルボトムを付けている。この間約15年8ヵ月のインターバルを置いた安値である。

ユーロは16年ごとに（黄金分割１６２年の10分の１）に安値をみるサイクルになっている

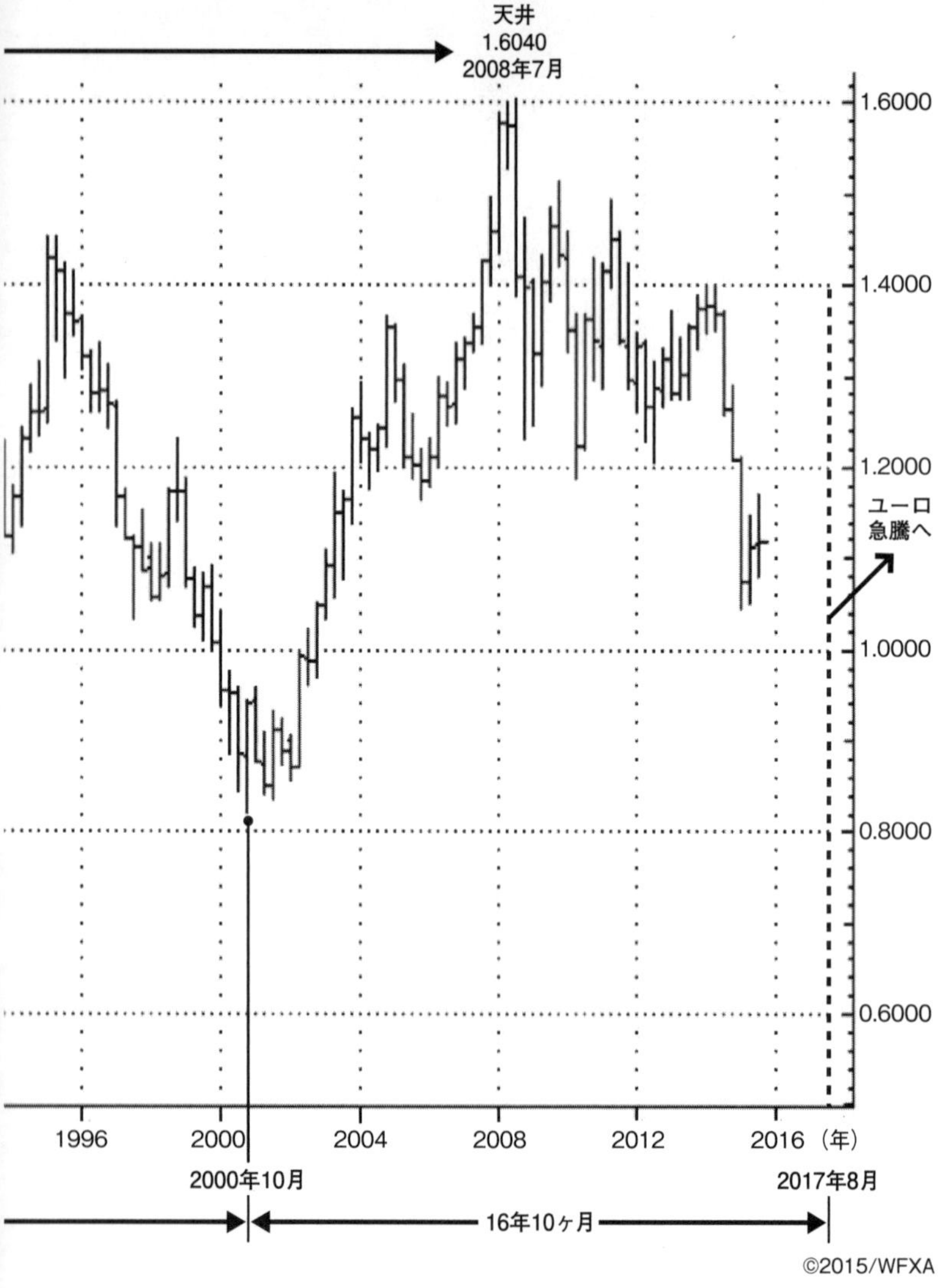

天井
1.6040
2008年7月
1.6000
1.4000
1.2000
1.0000
0.8000
0.6000
ユーロ
急騰へ
1996
2000
2004
2008
2012
2016
（年）
2000年10月
2017年8月
16年10ヶ月
©2015/WFXA

ユーロ/ドル四半期足

1968年3月（金二重価格制）
実質 西独マルク切り上げ
40年4ヶ月
≒40年半
1968
1972
1976
1980
1984
1988
1992
1968年3月
1985年2月
16年11ヶ月
15年8ヶ月

と考えられる。チャートで日柄をプロジェクトすると、2016年第4四半期がそのタイミングではないかと、筆者はみている。

その2016年第4四半期で、ユーロは1・0に絡む安値を見て、急騰に転じる。そのときが、デフレスパイラルの開始時点になるものとみている。

その後は激しいデフレの中で、ユーロが高騰する絶望的なシナリオが進行するだろう。

そしてその結果、ユーロは解体の危機に瀕するだろう。

必然であったユーロ危機の発生

そもそもユーロ導入については、発足当初から、多くの識者から疑義を呈されていた。経済の規模、経済の質（輸出立国、農業国等々）がバラバラなのにかかわらず、共通の通貨・金融政策の下におかれ、同じ通貨ユーロを使う。つまり、ユーロ加盟国はどのような経済状況であっても、ECB（欧州中央銀行）が定める政策金利をとらなければならない。

その一方で、財政は経済格差のある各国が独自で運営するわけで、これでは始めからうまくいくわけがないと、筆者も思っていた。

かくしてユーロが発足すると、加盟国には同一金利が適用された。その金利水準は、ドイツやフランスなど成熟したユーロ中心国には適正であっても、ギリシャやポルトガルなど経済がふるわない国には低すぎた。

ここで起きたことはいわば必然であった。実力以上のかつてない低金利で資金調達が可能になったユーロ中心国以外の国々はお金を借りまくった。ドイツとほぼ同じ利回りで国債を発行できるようになったギリシャは、国民に大盤振る舞いを行った。慢性赤字国ギリシャの当時の国債金利は15％以上だった。それがユーロが発足すると4～5％で、投資家が買うようになった。こんなにおいしい話はなかった。

経済状況が何も変わっていないギリシャが、ユーロ圏加盟国ということだけで好き放題借金をし、いざ財政危機になると借金は返せない、棒引きしてくれと開き直っているのが実相である。

同じ理屈から、スペインやアイルランドでは住宅バブルが発生した。

そして周知のとおり、今日までユーロ危機は燻り続け、いつ発火するかもしれない状況にある。

たしかに財政危機に陥ったギリシャ、あるいは財政危機を危ぶまれる南欧諸国には責任がある。だが、そうした国々にお金を貸し付けたユーロ中心国も同罪ではないか。

ドイツ国民は、ギリシャ再建のために自分たちが納めた税金を使うことに猛反発している。なぜろくに働きもしない地中海の人々のために、真面目にストイックに働き続けているわれわれの税金を投入するのかと。

こうした心持ちのドイツ国民は、どうやら事態について勘違いしているようだ。少なからぬドイツの銀行は、ギリシャの国債を大量に抱え込んでいる。ギリシャに野放図な国家財政を許したのに、自国の銀行もその責任の一端を担っているわけである。そして、ギリシャの財政破綻によって窮地に立たされるのもまた、自国の銀行なのである。

すべては統一ドイツに対する恐怖から始まった

本来ならば、欧州はユーロ圏の誕生という経済統合と同時に、政治統合を果たすべきであった。それが欧州の理想だったのではないか。

いや政治統合を先行させ、それを揺るぎないものにしてからユーロ圏を誕生させる道筋のほうがまっとうではなかったか。

すべてはベルリンの壁がくずれ、１９９０年10月にドイツが再統一され、ドイツ連邦共和国が生まれたことに収斂する。欧州の国々は、経済大国の西ドイツと東ドイツが一緒になった後のドイツの強大化をことのほか恐れた。統一ドイツがかつてのドイツ帝国のごとく勝手な振る舞いを始めないとは限らない。とりわけ隣国のフランスあたりは脅威と感じたはずだ。それを防ぐためには、大国ドイツの取り込みを急ぐしかなかった。

そこでかねてより協議されていた、欧州の政治統合と通貨統合の議論に拍車がかかった。劇的に統一ドイツが誕生してわずか2年後の１９９２年、欧州連合条約、マーストリヒト条約が結ばれた。同条約の主旨は、将来の政治統合を踏まえ、従来のＥＣを発展的に解消、より統合色を強めたＥＵを設立することと、統一通貨ユーロの創設であった。

だが、ＥＵ主要国がドイツの取り込みを急ぐあまり、ユーロはおよそ不完全なまま走り始め、今日に至っている。

いずれにせよ、ユーロは今の歪みを持ったままではお先真っ暗である。

経済の強い北欧州と経済がふるわない南欧州とにユーロを2つに分ける、南北ユーロ制に変更するという案が検討されているようだが、それはどうか。

やはり、解体されるべきなのだろう。

ユーロ解体はいつなのか

第1次世界大戦後、ドイツは天文学的なインフレに見舞われたことは常識となっている。それが第2次大戦後のドイツの財政、金融原理主義の背景として横たわっている。

この天文学的な上昇率を改めて解説しよう。

停戦条約が結ばれた1918年11月の1ドル7・4マルクを起点にして、1920年の終わりには1ドル73マルクまで、約2年で通貨価値が10分の1になった。

翌1921年末には1ドル192マルク、1922年の終わりには7589マルク、1923年11月には何と1ドル4兆2000億マルクまで通貨価値が暴落したのである。

1923年11月15日にドイツは、不換紙幣のレンテンマルクの発行に踏み切った。1レンテンマルクは1兆マルクと交換することになり、レンテンマルクはドル、ポンド、フランに対して、戦前の1マルクと同じ価値を持った。

ちなみに1914年開戦時は1ドル4・2マルクであった。幸いにも、レンテンマルクはドイツ国民に受け入れられた。レンテンマルクの登場により、ドイツの超インフレが終わったのが１９２３年であった。

その１００年後の２０２３年に、今度はデフレでユーロが瓦解するというのは、日柄的にも適当である。

統一通貨ユーロの発足を定めたマーストリヒト条約は、１９９２年に締結された。そこから黄金分割31年目は２０２３年である。

ちなみに、デフレスパイラルの始まる２０１６年は、１９２３年の超インフレ終了から93年目（62＋31）の重要日柄である。

人間の英知でしか補完できない、この欠陥システムである統一通貨ユーロは、人間が人間である原罪（国家エゴ、傲慢）を露呈したときに、その不可避的（Inevitable）な崩壊が待っているのである。

「Fair Weather Currency System（お天気が良いときだけのシステム）」は悪天候では機能しないのである。

第6章

ブラックボックス中国経済

中国共産党支配の危機の時間帯となる２０２１年から２０２３年

中国経済が呻吟している。

１９４９年の中共建国以来、66年が経過した。

ソビエト・ロシアの例でいくと、１９１７年のロシア革命から72年後（黄金分割重要日柄）の１９８９年11月にはベルリンの壁開放が起こり、事実上、ソビエトブロックの崩壊となった。１９９１年12月末、ソビエトは正式にその存在を停止するに至った。

中国共産党による中華人民共和国の建国72年目は２０２１年、ソ連の正式崩壊（ロシア革命から74年後）に合わせると、74年目は２０２３年ということになる。

中国共産党の結成は１９２１年である。２０２１年は、結党１００周年にあたる。

この２０２１年から２０２３年というのは、中国共産党支配のひとつの危機の時間帯ということができるだろう。

２０１３年に共産党チーフの座に就いた習近平の任期は、２０２３年までとなっている。

上海株A株の総合指数の推移

ちなみに、２０２２年には米国長期金利が底を打って上昇に転じる時間帯でもある（１５０ページチャート参照）。

２０２２〜23年は世界デフレのピークの日柄ともいえる。中国が巨大なデット・デフレーションで、メルトダウンに瀕する日柄であるのかもしれない。

２０１５年５月に天井を打った米国株価が大きな底を打つタイミングは、２０２２年３月〜５月（黄金分割で推定）となっており、このあたりのクライシスの日柄が合致してくる。

中国の債務問題については、かねてからハーバード大学のケネス・ロゴフ教授が警鐘を鳴らしていた。彼はユーロゾーン危機についても事前に予見しており、危機の専門家として著名である。ちなみに彼は、チェスのグランド・マスターでもある。

彼は「次の世界経済への大きな脅威は中国である」と明言している。

コンサルタントのマッキンゼー社による推定では、中国の債務は2007年の7兆ドルから2014年半ばには28兆ドル（1ドル120円換算で3360兆円）に膨らんでいるという。

「本来ならとっくに中国経済はおかしくなっていたはずだ。だが、政府による市場支配、何億人もの都市労働者が貢献する30％にもおよぶ貯蓄率が、大きなダウンターンを防ぐはずだという信仰が、経済における重力の法則（負債の重み）の行使を先送りしてきただけである」

とはロゴフの弁である。

一方、中国政府の数字では、2013年6月末の時点で政府債務の総額は30兆2700億元（円換算550兆円）となっている。

実態がわからないという恐怖

中国政府の発表数字のいい加減さには毎度毎度うんざりさせられるが、ほんの数年前までは、首都北京の目抜き通りに堂々とまがい物のブランド商品を売る市場があったことを思い出すと、その程度の国民性でもあるのだろうか。

あるいは共産党支配という不合理がもたらす、不可避的な悪の顕現ということになろうか。

いずれにせよ、最近発表の政府数字では、2015年第2四半期のGDP成長率が7%と発表されたが、それは政府目標数字の7%に欠けるのはまずいという共産党幹部の指導のもとで、7%が死守されたものとみられている。

ちなみにキャピタル・エコノミクス社は4・3%、ロンバード・ストリート・リサーチ社は3・7%と推定している。

よく知られている話であるが、中国の失業率は政府が勝手に決めている。ここ10数年間、ずっと4%前後に貼りついている。世界の工場としてずっと2ケタ成長しても、上海総合指数がジェットコースターのような動きをみせても、元高が進んで輸出が低調になっても、失業率は不変である。

余談だが、李克強首相さえも自国の公式数字を信用していないという。地方の競争が激しく、地方官僚の出世に有効な数字については水増しし、出世に不利となる数字は低く抑えて報告してくるからだ。

ある中国通のジャーナリストはこう教えてくれた。「李首相はEUメンバーとのミーティングの席上、自分が重視している経済指標は電力消費量、銀行融資、それと貨物運送量である。あとはあまりアテにはならないと明言した。これは本音でしょうね」

市場経済が効率よく運営されるためには、経済、政治のトランスペアレンシー（透明性）が必要である。およそ透明性との対極にある中国政府が、市場を良くマネージできるとは到底考えられない。

1992年の鄧小平の南巡講話から始まった、閉鎖政治と開放経済の奇妙な〝共存〟の実験は約30年で破綻に瀕することになるだろう。中国共産党は結党100年目を期して中国のコントロールを決定的に失うことになるかもしれない。

いずれにせよ、これからの中国発のデフレ波は、当分世界経済を揺るがせる大きな流れとなろう。

とくに一番の問題は、実態がわからないという恐怖である。

2008年リーマン・ショックで世界が揺れたとき、一番の懸念はサブプライム・ローン債権がどのくらいあり、それがどの程度デフォルトするのかというのが誰にもわからない恐怖であった。

中国の債務はたかだか数百兆円なのか、はたまた3600兆円なのか誰も知らないブラックボックスである。崩れないうちは安心しているが、崩れ出したら疑心暗鬼では済まない。世界デフレを深化させるにふさわしい大事件となるに違いない。

株価の下落が終わっても中国の問題は解決をみないという現実

中国の株式相場のニュースがマーケットを席巻している。

中国の株式相場の動きが、直接的に先進国の株式相場に伝播するルートはない。

したがって2015年6月のピーク、上海総合指数が5178ポイントを付けたとき、時価総額9・5兆ドルに達したものが3兆ドル減ろうが、それは中国内部で富が失われただけで、それ自体が先進国の資産市場に直接的に影響を与えることはない。

中国の大手企業が銀行に代わって地方政府系企業に融通するシャドーバンキング（非公式融資）のデフォルト問題と同じことで、あくまでも関わっているのは中国国内の連中であって、損失が海外に飛び火することはない。ここには米国のヘッジファンドたちのデリバティブも絡んでいない。

しかしながら、今や上海株式市場の時価総額は5兆9000億ドル、約720兆円で、東京市場を凌駕し、NYダウ、ナスダックに次ぐ世界第3位のスケールまで大きくなったわけだから、上海総合指数の暴落が海外の投資家に対して心理的に与える影響は無視できない。

失われた富が景気に反映し、中国の実体経済が悪化することから間接的に、先進国経済に悪影響をおよぼすという経路で、米国株式が下落するという連鎖も考えられる。

あるいは中国の実体経済が悪化するというよりは、隠していた悪い状態が、株価の下落により明らかになるというRevelation（暴露、発覚）により大きな意味があったと思われる。

したがって、この中国の問題というのは、株価の下落が終われば解決というわけではないだろう。

なぜなら中国共産党は必死でゾンビ企業を支えることにより、何とか実態を国民の目から逸らせようとしている。株価は波動であるから、下がれば上がる。上がり始めたときに中国経済が本当に良くなるということはない。

例えば2014年7月からの株価の上昇は単なる相場の波動であり、経済実態がよくなったわけではない。ただ株価が上昇する日柄に来たから上昇しただけの話である。

それにもかかわらず、中国共産党はこの株価の上昇を政治利用し、そのプロパガンダ機関である新華社は新しいブル・マーケットは始まったばかりと、2015年4月に宣言するなどした。

ここ3、4年間ゾンビ状態で維持されてきた国営企業などは何の構造改革もなく、放置され続けてきた。

したがって、当然株価が下がるべき時間帯に達したとき、相場が急落したわけである。

その間、実体経済の悪さには一向に変化がない。

この状態では、どこかでメルトダウン的なハードランディングは不可避であろう。そのメルトダウンはおそらく2022～23年あたりにやってくるものと考えられる。

1100ポイントまでの下落が考えられる上海総合指数

ここで上海総合の指数の推移を見てみよう。

まず228～229ページの上海総合の四半期足であるが、これを黄金分割で解析すれば、以下のとおりである。

2007年10月の天井6124（A）から、1年後の2008年10月の1664（B）まで相場が暴落した。その後、相場は3000台までの反騰はあったが、基本的にはじり安であった。

ところが、2014年の夏（C）から相場が勢いづいた。これはなぜかというと、天井（A）からの81ヵ月目（黄金分割162の半分—6年9ヵ月）が2014年7月（C）であったからである。

（A）からの81ヵ月目を契機に勢いづいた相場は、今度は（B）からの81ヵ月目の

2015年7月に向けて上昇を開始したが、6月12日5178（D）で力尽きたわけである。また、2007年10月（A）からの31四半期（62÷2）（7年と3四半期）目は2015年7～9月である。

相場は（D）で81ヵ月目の上昇力を失い、2015年7～9月からは今度は下げのエネルギーがマーケットに新たに注入されたのである。

2015年6～7月は、2つの下げ要因が同時に始まる時間帯であったのだ。強力な下げを演じたのも頷ける。

一般的に31四半期目から始まった流れは、36四半期目まで続く。となると、2016年第4四半期がとりあえずの中国株の底打ちの時間帯ということになる。

そこで、（A）からの下げを18度チャネルで相場をみると、おおむねチャネルの下限近辺で相場は底打ち上昇に転じた。

上昇はちょうど18度チャネルの上限（D）で2番天井を打ち、今度は2番底をみに行く展開である。（A）と（D）で高値は右肩下がりのベア・マーケットであることが確認された。となると、安値も（B）より下値の安値が出る形での2番底打ちということが大いに考えられるのである。

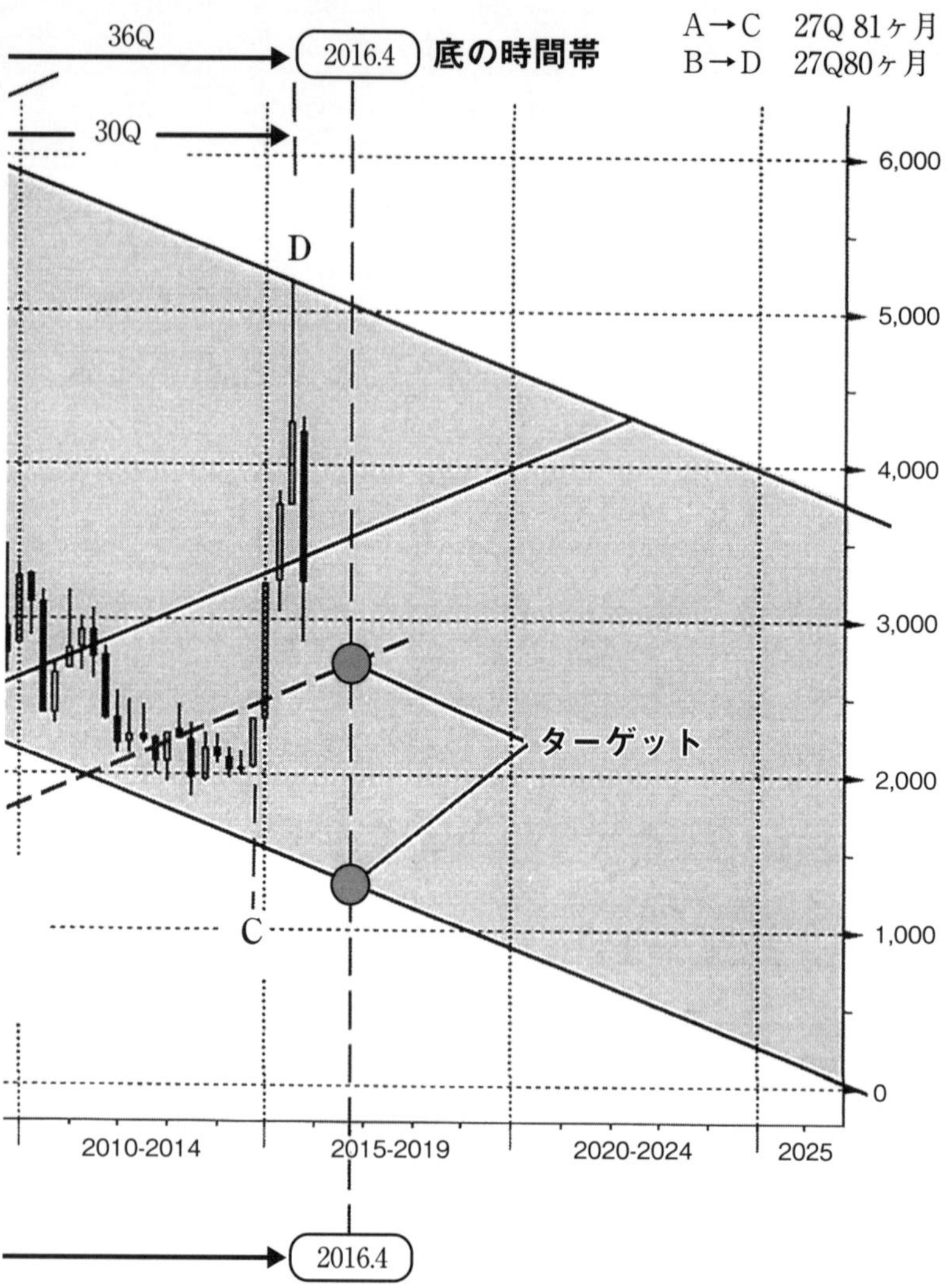
A→C　27Q 81ヶ月
B→D　27Q80ヶ月
36Q
2016.4
底の時間帯
30Q
D
C
ターゲット
6,000
5,000
4,000
3,000
2,000
1,000
0
2010-2014
2015-2019
2020-2024
2025
2016.4

上海株四半期足（2015年9月10日現在）

それでこの18度チャネルを見ていただくと、（A）から36四半期目の2016年第4四半期にこのチャネル下限までみるとすると、1100あたりまでの下落が考えられる。それが黄金分割でみて一番美しい形である。なかなか美しい形にはならないことが多いが、1100まで落ちても全然不思議ではないという意味である。

これから大いなるデフレ波に洗われる運命にある中国

もう一度、上海総合の四半期足を見ていただきたい。これは、1990年12月の株価を100として基準に据えている。

日柄としては、共産党最大の危機であった1989年6月の天安門広場における民衆弾圧事件がひとつの節目として記録されるだろう。学生運動は、往々にして新興国の経済成長の原点として位置づけられることが多い。日本では1960年の安保騒動である。

それ以後、日本経済は急速な成長を成し遂げた。学生運動は、それまでのハンドトゥーマウス（手から口へ——食べるのに精いっぱいの生活）から、政治体制への不満に思いを致す経済的な余裕ができたという意味で、次なる爆発的な成長の原点となることが多いのだ。

１９９０年からしか上海総合指数はないが、１９８９年６月の天安門事件が近代中国の原点とすると、その16年後の２００５年に株価指数が底を打っていることがわかる。16年というのは黄金分割１６２年の10分の１で、多くの相場サイクルで示現される典型的な長期波動である。

１９８９年─２００５年─２０２１年という16年波動でみると、次の大きな中国株の底のタイミングは２０２１～２０２２年ということになる。

１９２１年の中国共産党結党から１００年後の２０２１～２０２３年に最大の危機が訪れると先に書いたのは、この日柄計算も勘案してのことである。

これから２０２２～２０２３年までの間、中国も世界も大いなるデフレ波に洗われることになるだろう。

著者略歴
若林　栄四（わかばやし・えいし）
1966年、京都大学法学部卒業。東京銀行（現三菱東京UFJ銀行）入行。同行シンガポール支店為替課長、本店為替資金部課長、ニューヨーク支店次長を経て、1987年、勧角証券（アメリカ）執行副社長。1996年末退職。現在、米国（ニューヨーク）に在住。日本では外国為替コンサルタント会社である（株）ワカバヤシエフエックスアソシエイツの代表取締役を務める。独自の相場観に国内外の機関投資家や個人投資家に絶大な人気を誇る。著書に『2014年日本再浮上』（ビジネス社）、『異次元経済 金利0の世界』（集英社）、『富の不均衡バブル』（日本実業出版社）、『黄金の相場学』（講談社）、『ドルの復活　円の失速』（ダイヤモンド社）などがある。

（株）ワカバヤシエフエックスアソシエイツ
電話03-5695-7750　ＦＡＸ03-5695-1150
http://www.wakafxinfo.com

世界経済の破断界（ブレーキングポイント）

2015年11月２日　第１刷発行

著　者　若林 栄四
発行者　唐津 隆
発行所　株式会社ビジネス社
〒162-0805　東京都新宿区矢来町114番地 神楽坂高橋ビル5階
電話　03(5227)1602　FAX　03(5227)1603
http://www.business-sha.co.jp

印刷・製本　大日本印刷株式会社
〈カバーデザイン〉上田晃郷　〈本文組版〉茂呂田剛（エムアンドケイ）
〈カバー写真〉松野茂男／アフロ　〈帯写真〉中野昭夫
〈編集担当〉本田朋子　〈営業担当〉山口健志

ISBN978-4-8284-1844-5